プロブレム Q&A

どうなくす？ 部落差別

［3.11以降の差別を考える］

■

塩見鮮一郎・著

緑風出版

プロブレムQ&A

目次

プロブレムQ&A

まえがき 9

I 3・11以降の差別

Q1 部落差別と3・11とは関係しますか? 12
東日本大震災について考えて見ましょう。二〇一一年三月十一日の体験は、私たちの生活や考え方に大きな影響をもたらしました。東北の姿も見えてきました。

Q2 「放射能差別」という言葉はなんですか? 19
福島の汚染地区から避難してきた子が学校で、「放射能がうつる」といわれました。ほかにも宿泊や給油をことわられたりしています。どのように対処しますか。

Q3 部落差別となぜ似ているのですか? 27
障害者差別のように、すぐに相手の体にしるしを見つけることができません。そこで、住んでいた土地の名が対象にされます。なんとも理不尽なことです。

Q4 差別は競争社会の産物ですか? 37
明治以降の差別問題は、貧民、部落民、障害者などがクローズアップされました。やがて女性問題が浮上してきて、おおきな影響をもたらします。

Q5 部落差別は封建的遺制ですか? 47
維新政府は江戸の社会を「封建的遺制」として忌みきらいました。部落も身分制度の残滓に見えました。その延長で解放の理論が作られます。

Q6 近代の部落問題の始まりは? 55
女性問題や部落問題は維新後、しばらくして始まります。「近代の目」を獲得して見直すと、なんでもなかった関係が差別に見えてきます。

Q7 経済成長はどういう変化を部落にもたらしましたか？

戦後にリセットされた部落問題は、高度成長期までは戦前と変わらない。市民の差別意識もまた濃厚でした、それが共同体の消滅につれて変化します。

63

Q8 地名総鑑と差別語問題は最後のテーマでしたか？

高度経済成長は部落の変質をもたらしました。それを押しと留めようとする大企業や銀行と衝突します。差別語規制の是非はマスコミの姿勢を変えました。

70

Q9 二十一世紀の部落問題はどうなりますか？

差別事象はつづくでしょうが、被差別部落をテーマにした差別は消滅します。部落差別の解消は、他の差別の解消に多くの教訓を残しています。

78

Q10 いじめは差別ですか？

いじめは差別の一種とみていいのでしょうか。マスコミは、そのときどきに騒ぎますが、この問題は昔からずっと続いてきたように思えるのですが。

87

参考レポート 「東日本大震災と福島第一原発事故をめぐって」根本信行・99

Ⅱ 部落差別をどうなくすか

Q11 「競争」と「差別」のちがいは？

人は競争します。勝者が敗者に優越感を持つのはあたりまえではないでしょうか。「差別」をするのは、この勝者の優越感なのでしょうか？

110

Q12 「美女コンテスト」は差別なのですか？

身体的な優劣、精神的な優劣があるのは避けられません。「美女コンテスト」が差別だというのは、いいがかりではないでしょうか？

116

プロブレムQ&A

Q13 本当に「職業に貴賤はない」のですか?

どんな社会にも、きたない仕事ときれいな仕事はあると思います。社会的な弱者にきたない仕事が押しつけられるのは差別ではないのですか?

121

Q14 心理的な差別と社会的な差別はどうちがうのか?

頭で差別はよくないと考えていても、気持ちとしては被差別者を避けたい。そのような心理と差別事象とはどのようにかかわっているのでしょうか?

127

Q15 差別は憲法に違反しているのですか?

日本国憲法は差別を否定していますか? 法律による禁止と社会の規範の関係はどうなっているのか。現実のほうがずっとおくれていませんか?

133

Q16 維新の変革期になにがおきたのですか?

明治維新はイデオロギー先行型の革命で、農民はなにもわからないまま、ある日、食ってはいけない牛肉を食えといわれました。農民の怒りがわかりますか?

140

Q17 文明開化の強行で部落の運命は?

西欧化に困惑させられた農民たちは、部落の「解放令」をどのように受けとめたのでしょうか。維新後の三大敵への報復はだれにむけられたのでしょう。

146

Q18 部落差別は都市へ運ばれて行ったのですか?

農民の間で形づくられ根付いていった部落差別は、どのようにして都市の生活の中に入り込んだのですか。都市と農村の関係はどのようなものだったのですか?

152

Q19 近代の文化が差別をふくむのはなぜですか?

部落差別が近代の文化に織りこまれ、「あたりまえ」のこととして流布されるなかで、人々はどのように差別を認識し、克服しようとしたのですか?

157

Q20 「表現の自由」と「差別語禁止」の関係は?

差別を告発していく時、しばしば「表現の自由」との間に折り合いのつかない対立が生まれます。同じ権利としての二つの関係をどう考えますか?

161

Q21 差別はタブーフリーで解消するのでしょうか?

差別をなくしていく上で、法律による規制という手段は常に出てきますが、なじめません。差別をなくすにはタブーをなくすことから出発するのがいいのです。

168

あとがき
173

本文イラスト＝堀内　朝彦

本書のいきさつ（購入して「しまった」と後悔しないために）

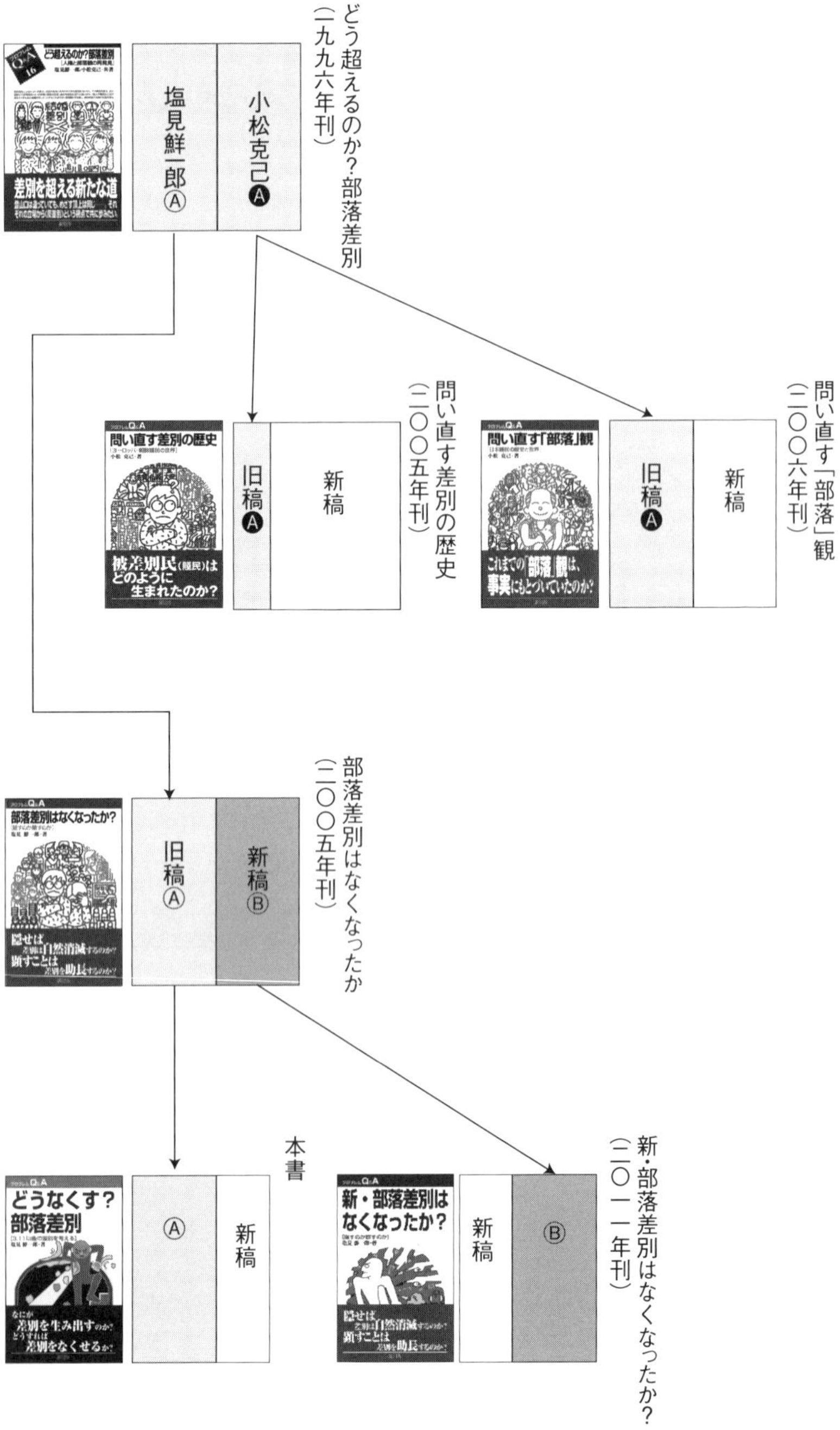

まえがき

すさまじいことになりました。

それは予告もなくやってきました。政治的な出来事とか経済的な見通しなどは、マスコミがうるさいほど語りかけてきますが、震災は予兆もなくやってきた。

わたしは東京西郊のマンション三階の室内にいて、薄型テレビが倒れないように押さえていました。液晶画面に映る海の白い線は津波ですか。

初めて目にする恐ろしい光景でした。

生活の瑣事《さじ》がふっとびます。二〇一一年（平成二十三年）三月十一日の午後のことです。のちに3・11と呼ばれるこの災害を経験して、多くの日本人はこれまでの自分の考えを反省したと思います。諸問題をもういちど再検討してみる必要にせまられます。

原発事故をふくめ、この災厄《さいやく》を軸に、わたしもまた、懸案《けんあん》の「もうひとつのQ＆A」を書くことにします。

本書の第一部が、今回の塩見の新稿です。わたしの原稿を補うかたちで、根本信行「東日本大震災と福島第一原発事故をめぐって」を置きました。現役でいろいろな場面に遭遇している方《かた》の生《なま》の声をつたえたいと思ったためです。同時期にわたしと平行して書きましたので、似ている面と、意見が違っているところがあります。それはそれでいいわけです。

第二部の『部落差別をどうなくすか』は、一九九六年発行の『どう超えるのか？　部落差別』に所収、さらに二〇〇六年版の本の後半です。八頁の図を参照にしてください。分割して二冊の本にしましたが、それがよかったのかどうか。版元《はんもと》の要請もあったのですが、書きしぶる精神を鞭打《むちう》つためには、こうするしかなかったのかもしれません。いまさらわたしに部落についてなにが書けよう、という気分がつよいのです。弁解がゆるされれば、改版を一度にできなかった「むつかしさ」こそが、今日《こんにち》の部落の在りようなのかも知れません。

二〇一二年秋

プロブレムQ&A

I

3・11以降の差別

Q1 部落差別と3・11とは関係しますか？

東日本大震災について考えて見ましょう。二〇一一年三月十一日の体験は、私たちの生活や考え方に大きな影響をもたらしました。東北の姿も見えてきました。

部落差別《ぶらくさべつ》と3・11とは関係などありません。そう書いて終わりにしたいのですが、そうもいかないようです。

巨大な津波が押しよせてきて、市や町や村が波にのみこまれ、漁港や工場や倉庫が使用できなくなります。役所、病院、学校、鉄道なども破壊されました。震災地域の映像が毎日テレビで流れます。一戸建《いっこだ》ての家は跡形《あとかた》もない。打ち上げられた漁船が瓦礫《がれき》の町にころがっています。地盤が沈下し、どこまでが海か、どこまでが陸だったか、わからない。

避難所で途方にくれる人びとの表情。ふたたび海に出て漁をしたい。若布《わかめ》を採《と》りたい。牡蠣《かき》の養殖《ようしょく》をしたい。水産加工で働きたい。家族同様の牛を置いたまま、どうして避難所へ行くことができようか。放射線量をさげるのに役立つといわれて、

破壊されたビルの上に引っかかった大型バス（石巻市雄勝町で。二〇一一年八月写す）

向日葵《ひまわり》を田に植えてみたりしたのです。

これまで、あまり新聞やテレビに出ることのなかった土地の情報がひろまります。人びとの生活、漁に暮らす人たちのプライド、町村の首長《しゅちょう》の意見などを、地震以降、ことこまかに知ることになります。

津波におそわれた土地のおおくは、山が海岸にせまっています。山間から流れてくる川がつくったちいさな扇状地《せんじょうち》に町ができた。そういう地形です。ひろい田が作れないので、主として漁《りょう》で生計をたてます。遠いむかし、沖縄や西日本の漁師がサカナを追ってやってきて、ここに住みついたのかもしれない。そうだとすると、何代もつづいた仕事です。

油断していたわけではないでしょう。過去にも、なんどか大津波におそわれています。危険なことはわかっていたはずです。でも、どこへ移って行けますか。いちど定住してしまえば、四季の光景が記憶に焼きつきます。風のそよぎ、遅咲《おそざ》きのサクラ、冬には雪がつもります。濃密な人間関係がいつしか形成されます。裏山には先祖の墓もあります。

魚群《ぎょぐん》を求めて海浜《かいひん》を移住する習慣をなくして、ずいぶんの時間が経過しています。自由にどこへでも行ける時代はおわり、海は漁業権で細分され、土地はくまな

朝日新聞
東日本大震災
M8.8 世界最大級 大津波
震度7 死者・不明850人超
福島原発 放射能放出も

日本経済新聞
東日本で巨大地震
東北M8.8 国内最大
死者・不明多数 津波で街壊滅
原発周辺に避難指示

東日本大震災を伝える新聞記事
『朝日新聞』三月十二日付朝刊（右）と『日本経済新聞』十二日付朝刊（左）

く台帳に記載され、もはや「無主《むしゅ》の土地」などありません。一村あげてどこかへ移ることなど考えられない。堤防をかさあげし、防災無線を設置して、ここに腰をおちつけるしかない。

東北が繁栄した時代もあれば、凶作にくるしめられた時代もあったでしょう。『日本書紀』の「敏達《びだつ》天皇」の項には、「蝦夷《えみし》数千が辺境を犯し荒らした」とあります。その首領の名も「アヤカス」だと記してあります。六世紀後半のことで、西国から「倭人《わじん》」が東北へ入りこもうとして衝突したのでしょう。

やがて坂上田村麻呂《さかのうえのたむらまろ》が「征夷大将軍《せいいたいしょうぐん》」としてやってきます。紀元八百年前後のことです。黄金や馬が貢物《こうぶつ》として京都へ運ばれました。米作《べいさく》中心の時代になりますが、そのころの稲は寒冷地ではそだちにくい。歴史の本にあるように、東北はなんども飢饉《ききん》に見舞われました。

近代になり、都市と農村の分離がすすみますと、若者は安い労働力として工場へ送られました。貧農の娘たちも売られ、紅灯《こうとう》の巷《ちまた》に立ったといいます。維新後の政府の要人のほとんどが西の方からやってきました。かれらと戦った藩は朝敵《ちょうてき》としてうとまれ、「会津県」と名乗ることもできなかった。近代化から疎外され、経済的な格差《かくさ》がつよまります。

敏達天皇と綾粕

記事にはつぎのようにある。

「（敏達天皇）十年春閏二月、蝦夷（えみし）数千が辺境を荒らした。これによりその首領の綾粕（あやかす）らを召して詔され、『思うに、お前たち蝦夷らを景行（けいこう）天皇の御世（みよ）に討伐され、殺すべきものは殺し、許せるものは許された。今、自分は前例に従って、首領者である者は殺そうと思う』といわれた。綾粕らは恐れかしこみ、泊瀬川（はつせがわ）の川中に入り水をすすって、三輪山に向かい誓って『私ども蝦夷は、今から後、子々孫々に至るまで、清く明（あきらけ）き心をもって、帝にお仕え致します。もし誓いに背いたなら、天地の諸神と天皇の霊に、私どもの種族は絶滅されるでしょう』といった」（宇治谷孟訳）

文化的には、「ずーずー弁」と、土地のなまりが軽侮《けいぶ》され、おくれた地方として印象づけられます。第二次大戦後でも、東北のなまりを笑いの対象とした小説やコメディーが書かれています。二十一世紀の今でも、ときに、ネットの書きこみにつぎのようなのがあります。「現地綴りで現地読みすると現地民が怒る例」として、「茨城」をあげ、現地の読みにあわせて「いばらぎ」とルビ打とうものなら、「そりゃ、もう、烈火のごとく。東北弁、ムッカシス」とからかいます。書いた人がどこに住んでいるのかわかりませんが、意味もない優越にひたっています。

すこし説明をつけくわえておけば、廃藩置県《はいはんちけん》以来、「いばらき」と読むことになりました。茨城弁を使用する人は自分では「き」と言っているつもりでも、それ以外の人には「ぎ」と聞こえるケースがあります。カ行の音が濁音《だくおん》になる特徴があるためです。そのような事情を無視して、さきの書き込みは、「そりゃ、もう、烈火のごとく。東北弁、ムッカシス」というわけです。ちなみに、茨城県は関東地方にふくまれ、東北と決めつけるのは不用意でしょう。

本題にもどれば、過去から現在につづく右のようなイメージから、「東北」を中央の「植民地」だという人もいます。危険な原子力発電所を押しつけたのは、「植民地」としてしか見てないからではないか。都市で消費する膨大な電気を供給する

敏達天皇は欽明天皇の第二皇子、五三八年～五八五年。仏法を信じられなくて、文章や史学を好んだ。

廃藩置県
藩を廃して県を置いた。維新以降、最大の変革。大名などの権力を奪い、新政府の首脳たちによる中央集権がこれで実現した。徴兵、徴税、身分制の廃止など、近代化の出発点になる

ために犠牲にされた土地というわけです。このような論理は、生産地と消費地を対立してとらえることで、両者の利害があたかも対立しているかのように見せかける落し穴があります。

こんどのおびただしい報道に接すれば、「東北」が日本のどこにでもある町村で、共同体はきちんと維持され、先祖からひきついできた資産を守って暮らしているのがわかります。都市下層の浮き草のような暮らしにくらべて、しっかりと大地に根をおろしている。比喩的《ひゆてき》にしろ「植民地」ではない。

たしかに、経済的な格差はあります。働ける場所がないため、若者が都市へむかい、高齢者ばかりが目立つようになりました。活力がうしなわれ、存続があやうくなった村もあるでしょう。未来への展望がひらけないままでいるとき、原子力の発電所をつくりたいといわれたのです。電力会社の社員が役所へやってきて、びっくりするような高額な献金をちらつかせて誘惑したのです。札《さつ》ビラで頬をたたいた、そういってもいいすぎではないでしょう。原発が村にできれば、若者は外へ出て行かなくてすむのです。科学の粋をあつめた建物ではたらける。公共のモダンな建造物や巨大な総合病院を建てられるのです。

誘惑された側も悪い？　どうでしょうか。納得して誘致したのですから、事故

崩壊した石巻港。地盤沈下した港に打ち上げられた漁船（二〇一一年八月写す）

も自業自得《じごじとく》でしょうか。よくわかりません。ノドがカラカラのときに、水がさしだされた。それを飲むのは悪い？

　もちろん、電力会社のほうが悪い。原子力という発電方式に問題が山ほどあるのを知っていた。だから、人里《ひとざと》離れた土地をさがしたのです。地震に弱い施設だから、地質調査をするのです。危険な設備だから、多額な交付金を自治体に渡しているのです。そうです、一方的に電力会社が悪いのです。あと押しした政党も財界も共犯です。そうなのですが、悪魔メフィストフェレスと契約をむすんだ瞬間、両者は運命共同体になるのです。栄えるときはともに栄え、滅《ほろ》びるときはともに滅びるのです。

　そして滅びのときがきたのです。原子力発電所周辺の人は、先祖伝来の私有地から根こそぎ引きぬかれたのです。ある日、とつぜん、家も家畜もそのまま捨てて、よそへ逃げるようにいわれたのです。もちろん、滅びたのは被災地域《ひさいちいき》の人だけではなく、東京電力もおなじです。原発依存の経済活動に赤信号が灯《とも》ったのです。原発を推し進めたグループ、政治家や学者も、マスコミも滅んだのです。いまはそれを見ないようにしています。かれらにとっては、あまりにも恐ろしいことだから、未来の奈落《ならく》を意識のそとへしめだし、なにもなかったかのようにふるまっています。

　震災まえの自分にもどりたい。原発を再稼動します。営々として築いてきた

福島原発事故を伝える新聞
『朝日新聞』三月十二日朝刊（右）と『朝日新聞』三月十三日朝刊（左）。

「経済の王国」にすがりついている。足元に火がついているのに、あいかわらず、自動車の輸出量を気にしています。でも、メルトダウンした炉心はいまも高熱を発して地面の底へもぐりこんでいます。制御《せいぎょ》できると考える人もいますが、どうしようもないという人もいます。ふたたび地震がきて使用済み核燃料棒がプールから飛び出せば、それをどうやって拾うのですか。そばへ立つだけで、死ぬそうです。

いちど爆発して飛散した放射性物質《ほうしゃせいぶっしつ》は、半減期が数十年、数百年、数千年……という単位で散らばっているのです。政府は汚染地を「洗浄《せんじょう》する」といって、水を撒《ま》いたり、土を掘ったりしていますが、よごれた水はどこへ流すのですか、放射線を発しつづける土壌をどこへ置くのですか。室内のごみを、窓側に置いたり、ベッドの下へ押しこんだりするのと同じことをしているわけです。

そんなことに多額な金銭と労力を費消しているのは、被災地の人をだませるからだけではありません。自分をごまかせるからです。なにもしないよりは、気がまぎれる。直視すれば、平常心をうしなうからです。「中間貯蔵施設」などというのは、政治的な言葉遊びです。どこにも貯蔵する場所はないのです。いずれにしろ、隠そうが、ごまかそうが、フクシマの問題はたえず浮上してきて、既存の考えをゆさぶり続ける。わたしたちの生存の条件をおびやかすのです。

Q2 「放射能差別」という言葉はなんですか?

福島の汚染地区から避難してきた子が学校で、「放射能がうつる」といわれました。ほかにも宿泊や給油をことわられたりしています。どのように対処しますか。

あのニュースに接したとき、すこし唖然《あぜん》としませんでしたか。いや、当然のことと思いましたか。

汚染したふるさとに住めなくなった人は全国にちらばります。第二次大戦中も、空爆をおそれる人や、すでに家産を焼失した人が、山村《さんそん》に「疎開《そかい》」しました。当時、小学校二年だったわたしも、岡山市から牛窓《うしまど》へ、ついで足守《あしもり》に疎開しました。大事にしていた鉄道模型や講談社の絵本など、すべてを焼夷弾《しょういだん》で焼かれていました。

母はわたしを預けてどこかへ行きましたので、知らない人ばかりの農家で、ひとり、ひと夏をすごしました。わたしは自分が「歓迎されない」お荷物であるとわかっていました。じゃまにならないように、必死に身をちぢめて暮らしていたのを、老齢になったいまも鮮明におぼえています。

牛窓と足守

牛窓は岡山市の西にある瀬戸内海に面した港町。朝鮮通信使の逗留地。足守は足守藩があり、維新後、足守県ができた。現在は岡山市の北区になる。

戦時中とおなじようなことが、二十一世紀初頭の日本で起こるなんて！

原子炉が暴発してから二カ月ほどがたっていました。政治の無策もあって、復興は遅々《ちち》としてすすみません。

そのころ、あのニュースが流れました。

千葉県へ疎開していた福島の子が、「放射能がうつる」といって遊んでもらえないというのです。転校さきの小学校で忌避《きひ》されたというのです。ああ、かわいそうに。村に住めなくなって、しかたなく未知の土地へきたのです。電車やバスの乗り降りですら、たいへんなのです。歯を食いしばって学校へ行く。慣れ親しんだ村の学校ではなく、勝手のわからない学校です。そこの教室で、運動場で、廊下で、その子のまわりには、だれもこない。こないばかりか、歩いて行くと相手は逃げるのです。すこし離れて、じっと観察している。鬼ごっこの鬼にされています。

戦時中のわたしの疎開よりも悲惨で残酷ではないですか。親密な関係はもてなくても、病原菌のようにあつかわれはしなかった。

もちろん、近づかない子が意地悪なのではありません。3・11以来、親もテレビも、先生も友も、放射線がいかにこわいかを声高《こわだか》に語りつづけているのです。汚染地のサカナも肉も米も野菜も危険だといいます。首都近辺では、浄水場の水にセ

放射能がうつる

放射能はうつるのではなく、付着した放射性物質がちらばるわけですが、フクシマから避難する人の放射線チェックがちゃんと行なわれていなかった。そのことも考慮する必要があった。記事ではふれていない。

甘い放射線規制値で出回る食品への不安も高まった。

シウムが溶けこんでいると発表されます。親はペットボトルの水しか使わなくなります。スーパーやコンビニのミネラルウオーターはすぐに売り切れ、ひとり一本まてと制限されたりしました。

放射性物質は目に見えないし、においもしないし、味もしない。皮膚にふれてもよくないし、口から入っても危険です。一定の量以上をあびると、からだがだるくなり、食欲がなくなり、甲状腺《こうじょうせん》の癌《がん》になる。ノドを切開する手術を受けなければならない。とくに、ちいさい子では、進行が早いといいます。

江戸時代には疱瘡《ほうそう》やコレラにペストなどがおそれられました。近代以降でも、家族から隔離されたハンセン病のことを思いだしますか。フクシマからきた子には、「放射能」がくっついていて、それがうつると警戒したわけです。

「避難してきた子供たちが、地元のクラスの子と友達になろうと思っても、近寄ってきてくれない。こちらから近づくと逃げていってしまう。結果的に仲間外れになってしまうという現象が、福島県内でも起きているんです」

こんな記事が女性週刊誌にあります。よく事態を理解できない子どもだから、そんな対立が生まれたのでしょうか。いえ、おとなたちのあいだでも、同様なことが起きています。ホテルや旅館に宿泊をこばまれ、レストランに入れてもらえない

「女性セブン」二〇一一年五月五日号

福島県民がいました。

あることを思い出しました。高度成長期のころ、旅館の大浴場に入ろうとすると、「イレズミの方はご遠慮ください」とありました。しばらく、その張り紙を見つめていました。わたしがイレズミしているかどうかとは関係なく、この短絡《たんらく》した思考におどろいたのです。明治政府の開明開化の運動が、いまに影響を残して、こんな温泉地で実をむすんでいるのに、ため息をついたのです。江戸の風俗・風習を目のかたきにした洋行帰りは、イレズミ撲滅に情熱をもやしたのです。イギリス人もタトゥーをしていると早く気がつけば、日本伝統のイレズミを守ってくれたでしょうか。昇り竜はだめで、西洋のバラの花ならいいといいましたか。

道路に「福島県民はくるな」という落書きもあります。福島ナンバーのクルマが給油をいやがられたケースもあります。ひどいのは、他の患者が不安がるので診察できないという病院まであらわれた。おとながこんなことをしているのです。子たちが疎開してきた子に警戒の目をむけるのもわかります。

しかし、かれらは被害者なのです。ある日突然、住みなれた土地や家から追放された。そのうえ忌避《きひ》されなければならないのですか。社会一般の常識はどう動いたのでしょうか。識者や行政はどのように対応したのか。

イレズミの方

イレズミでやくざ（暴力団）のことをいいたいのかも知れないが、「イレズミをしてないやくざ」や「やくざでないのにイレズミをしている人」はどうなのか。いずれにしろ、イレズミについてよく知らないで、マイナスのイメージがひとり歩きしている。

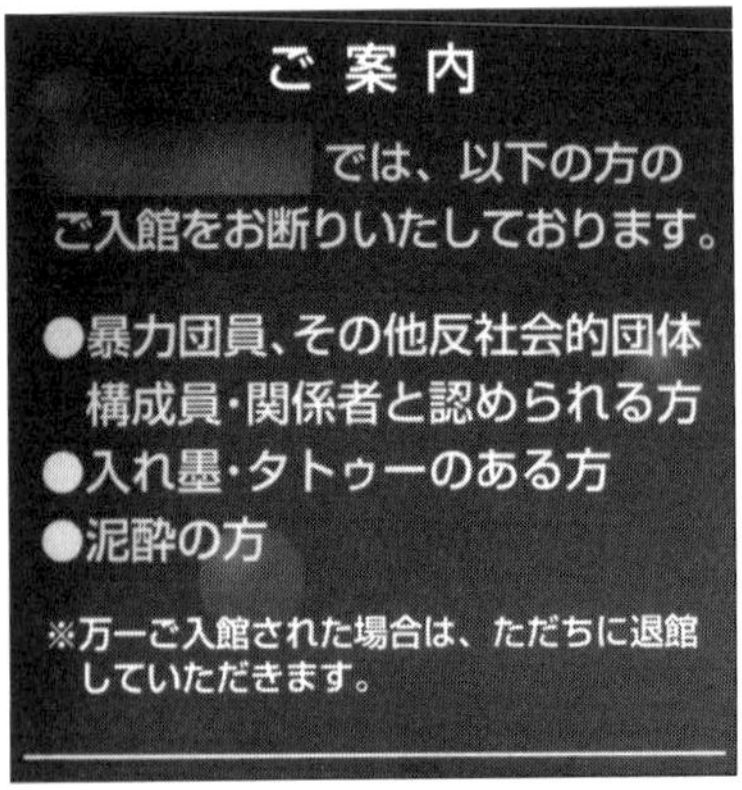
ご案内
では、以下の方の
ご入館をお断りいたしております。
●暴力団員、その他反社会的団体構成員・関係者と認められる方
●入れ墨・タトゥーのある方
●泥酔の方
※万一ご入館された場合は、ただちに退館していただきます。

現在は入れ墨・タトゥー両方を禁止する張り紙が多い

過剰に反応する人たちにむけて語りかけています。

マスメディアは、除染が必要なほど線量のたかい人はいない。原子炉で作業をしている人と接しても影響はなく、健康被害を受ける心配はないという専門家の言葉をつたえています。つまり、風評《ふうひょう》ではなく、科学的な知見でもって判断するようにと啓蒙《けいもう》しました。マスメディアも一連の「放射能差別」の事例を、おろかなことだと断罪し、ブログでも差別者のほうをきびしく叱る意見がおおくあらわれました。

すこしずつ事態は沈静化にむかったのですが、その経緯が部落差別などと似ているのに気づかされます。

すこしむかしのことを話しましょう。部落の子が学校へ行くと、からかわれたり、ののしられたり、無視されたりしました。だいたい部落の子のほうが少数派ですから、がまんしています。いっしょに遊ぶことがあっても、利害が対立すると、突然、攻撃を受けます。「きたない」「くさい」「泣き虫」などといわれます。きたなくなくても、くさくなくても、そういわれます。すこしでも反抗的な態度をとると、よってたかって制裁をくわえられた。

どうしてそんなことをするのでしょうか。

除染が必要なほど線量のたかい人

二一ページの注で記したように、避難者や車両に「放射性物質が付着してなかった」という検証は充分には行われていない。

親がいつも部落の悪口をいっているからです。明治維新後に「解放令」が出されると、江戸時代の「穢多身分《えたみぶん》」は「平民《へいみん》」になり、みんな同じ人間だと強調されました。公然と侮蔑《ぶじょく》したり暴力をふるうと、役人や警察にしかられます。そこで、ひそひそと悪くいうのです。ヘアスタイルや服装で区別がつかないようになると、親が子に、「どこそこのだれは部落だ」と教えるのです。「けがれるからいっしょに遊ばないように」と、つけくわえます。部落民排斥《ぶらくみんはいせき》のつよさは、明治・大正・昭和など時代の推移でちがいますし、土地によっても変わります。商業地や工業地、農村や漁村でも異なります。ひとつ、わたしが心底《しんてい》おどろいたことを話しましょうか。

尻山くんとでも、彼の名をしておきます。東京の大手の出版社に勤務していました。一九七〇年代のころ、かれから激しい叱責の手紙を受けとりました。わたしが部落民の現状について報告し、圧迫をくわえている市民社会を批判したことについてでした。

「あんなやつらにかかわる必要はない。連中は暴力集団だ」というのです。かつていっしょに学生運動をやっていた友がいうのです。これまでは隠していたのか、このような感情をぶつけられたことはありません。初めてのことです。これが本心

部落の呼称

いまでは「部落」といえば、被差別部落（同和地区）のことをいうが、江戸時代では「ちいさい集落」のこと。維新でみんな「平民」になるが、元のエタ身分を区別して、「新平民」や「特殊部落」と呼んだりした。これらの呼称はしばしば差別的に使用された。

なのか。唖然《あぜん》としましたが、わたしの無知を心配して、部落のほんとうのすがたを教えようとしたのかも知れないとも考えました。

中国山脈のふもとで生を受けたかれは、幼児のころか、小学校でのころか、部落の少年にとりかこまれ、死ぬほどの恐怖を味わったようです。通学の道筋で待ち受けられ、おそわれたのですか。運動場の隅で足蹴《あしげ》にされて、くず折れたのですか。そういう体験がなければこんなことをいうはずがない。解放令に反対した農民が部落の家に火をつけたような歴史がある土地です。根づよい部落への反感がずっと流れつづけていた（↓Q17）。

どんなに本を読んで知的に上昇しても、感情の核は微動《びどう》だにしてないのです。かれの心を動かすほどの言葉をわたしはつむぎだすことはできません。わたしの言葉が届くはずもなく、交流をやめようという選択肢しか残されていませんでした。そして、ここで確認しておきたいのは、このような人はどこでも、いつの時代でもいるということです。内心では部落民を不快に思いながら、だまっている人がいる。部落についてだけではない。女性の地位の向上に不満をいだきつづけている人、韓国人や中国人に嫌悪《けんお》をもやす人、障害者をさける人たちです。そういう人は、数はへっても、いなくならない。

それで、注意ぶかく言いそえなければならないのは、わたしと尻山くんの対立は、感情の核が底にありますが、現象として浮かびあがってくるのは、考え方のちがいです。感情が考え方としてあらわれたといったほうがわかりやすいですか。わたしが正しくて尻山くんがまちがっているのではない。わたしは部落民を差別しないという立場をえらび、相手はそのような認識の甘さを笑っているのです。人権擁《じんけんよう》護《ご》のヒューマニズムなど歯の浮くような思想だと認識している。民主主義社会の飾りだと考えているのです。わからないわけではありません。

せんじ詰めれば、市民社会は、このふたつの考えのあいだをゆれている。戦後六十年の過程で、差別の正当性をいう人と不当性を唱える人がいたわけです。しだいに、わたしのような考えが主流になって今日《こんにち》におよんだのです。感情の核はどうしようもない。ほっておきましょう。

Q3 部落差別となぜ似ているのですか？

障害者差別のように、すぐに相手の体にしるしを見つけることができません。そこで、住んでいた土地の名が対象にされます。なんとも理不尽なことです。

フクシマの子が学校で差別されました。それが、往年《おうねん》の部落差別に似て見えました。

そのわけは、たぶん「放射能」が見えないことに依《よ》っています。なんども書いたことですが、差別するためには、相手にその特徴がなければなりません。女性かどうかは普通すぐにわかります。アメリカの黒人も、だいたいが判明できます。体つきや顔の色やヘアスタイルでそうと認識できるからです。障害者への差別も同様です。内部疾患《ないぶしっかん》は差別の対象になりません。心臓が右にあっても、外からはわからないので、差別されません。

「しるし」が体にあらわれ、そこを差別者はねらいます。

つまりフクシマの子かどうかは、外見《がいけん》からはわからない。部落の子も、どんな特徴も肉体にきざまれてないのです。しるしが見えないというところが似ているのです。差別者にとっては始末《しまつ》におえないわけです。必死にちがいをさがします。それでもわからなければ、でっちあげます。指が一本すくないとか、着物にかくされている部分の奇形を想像します。ひどいことです。心臓が右にある人は、外からわからないので差別されないのですが、差別したい人は、相手に身体的な欠如《けつじょ》を想像するのです。あるいは、体に兆候《ちょうこう》を見つけられないときは、その住んでいる土地の名が、差別のメルクマールになります。放射能汚染地からきたのかどうか。部落(地区)の出身かどうかが問題になります。

東日本大震災の年の夏のことです。大阪で新設中の橋に関して、思いもよらない要求が住民から出されました。ひろく報道されたことですが、河内長野市《かわちながのし》では橋の工事を福島県郡山市《こおりやまし》の会社に委託《いたく》していました。震災まえに基部と橋脚《きょうきゃく》にとりかかり、二〇一〇年七月には現地で完成しました。しかし、そのうえに渡す、長さ五十五メートルほどの鋼製《こうせい》の橋桁《はしげた》は、二月には完成していましたが、運びこむまえに震災に見舞われたのです。そのまま工場の敷地で雨ざらしにされていました。

河内長野市の住人は心配になりました。汚染の懸念があるのではないかと思い、工事の続行に反対を表明しました。市が放射線量を測定したところ、年間〇・七ミリシーベルトでした。年鑑被曝線量限度一ミリシーベルトを下まわったものの、かなり高いといわざるをえません。住民の危惧《きぐ》を、「風評被害《ふうひょうひがい》」という便利な言葉で無視していいものかどうか。

なんどもの話し合いがもたれ、その結果、橋桁の洗浄を福島でおこなうことになりました。線量が年間〇・一ミリシーベルトまでさがったので、現場へ運びこみました。地元民が立ち会って再度、線量を測定し、翌二〇一二年の三月から工事を再開しています。

汚染地区を全国へ広げないための努力と、「放射能差別」を避けるためのせめぎあいが、とりあえず、うまく解決した例といっていいでしょう。ホテルやレストランへの入室を断ったケースの場合は、国や自治体が除染措置をほとんどしてないことに問題はあったのです。避難住民の被曝量検査や除染がきちんと行われ、それが周知されていれば、こんな混乱はなかったでしょう。

チェルノブイリでは、車両などが汚染地域外に出るときは放水で除染しました。日本ではこうしたことはしていないと思います。放射性物質は大気や食物、水などさまざまな経路で拡散、付着、吸入、摂取されます。問題は、放射性線量が健康を害するほど高いかどうかですが、これは急性の影響が出るほどには高くないと思い

測定の問題

ガイガーカウンターでは、がれきの表面のシーベルトは測れても、内部のベクレルは測定できないので、注意が必要。

汚染地区から出る車両を高圧放水で除染するソ連軍兵士（一九八六年）

松岡信夫著『ドキュメント　チェルノブイリ』（緑風出版刊）より

ます。しかし、長期の低線量被曝による健康への影響は、政府や御用学者が否定しても十分考えられます。避難住民の宿泊を断った側にも理由があったわけです。

ここで、こういった経緯をもういちど整理して置けば、ホテル側と避難住民との対立には、背後に一般市民の世論があり、その世論形成は、有識者の「科学的知見」に影響を受けています。放射性物質については、普通、これまで考えたこともなかったのですからなおさらです。しかし、その有識者もまた、原発推進派の息のかかった意見を述べたり、拡散ゼロを至上にする意見を表明したりします。だれを信用していいのかわからなくなると、ネット上では「風評被害」とか、「煽《あお》りメディア」とか、「似非《えせ》学者」などという、情緒的な書きこみが頻出してきます。

たとえば、つぎのような記事が目に入ります。政府みずからが政府は信用できないと知らせているようなものです。もう無茶苦茶です。震災の年、二〇一一年の夏に、福島の子たちは甲状腺検査を受けました。当人や親たちはとても心配だったことでしょう。半分以上の子が被曝《ひばく》していました。にもかかわらず、政府の原子力災害対策本部は、親にゼロだとうその報告をしたのです。これでは、子たちの健康のための検査ではなく、放射能の影響の研究の対象にされたことになりませんか。親に知らさない理由として、「誤差が大きく、不安を招く」と弁解しています。

今後も保護者に通知しないそうです。なにを知らせるかは政府がきめて、民心の動揺をふせぐといいたいのですか。「親心」のつもりですか。これこそ、「愚民《ぐみん》政治」というのです。かれらの本心は今後も原発を稼動させていきたい。そのじゃまになる事象はかくしておこうというものでしかないのです。

自分たちがどれほどひどい態度を取りつづけているのか、わかってないのですか。政府、官僚、財界、電力会社はなにも反省していません。事故がなかったことにしたいのです。現実を直視するのを避けているのです。こんな態度ではだれからも信用してもらえないでしょう。そして、それがいちばん恐ろしいことなのです。かれらが福島の子に放射線の危険はないといっても、それを真に受けることができなくなるのです。福島の子と遊んでも伝染などしませんと声を高めても聞いてもらえない。それは最悪の状況です。

いまのところ、学校でも河内長野市でも、まだそこまではひどくなかった。放射線量の検査とその数値が信頼されたようで、かろうじて「放射能差別」をまぬがれたといえます。私の知るかぎりでは、マスコミを始めとする論調も冷静でした。ふるさとをうしなって悲惨のきわみにある人たちを差別する行為には批判が寄せられました。

高まる脱原発の要求
（二〇一二年七月十六日、代々木公園で）

「しるし」が見えないのが、放射能差別と部落差別の共通項でした。でもちがいもあります。放射線は測定できます。そして、まわりの人も、測定器や測定する人まではうたがってない。それで事態は早い段階でとりあえず解決しました。

しかし、かつての部落問題は、まわりの人がすぐに信用できる客観的な理由はなかった。学校や行政や識者や新聞などの論調は左右にゆれていました。当時、実際に差別しあうのは、地域内の人たちですが、かれらの行動を支え、影響をおよぼしているのは、社会の常識でした。「近代国家」内での世論の形成のされ方にありました。

すこしだけ復習しておきたいのですが、差別は国ごとで内容がちがいます。女性差別のように各国がそれほどちがわないテーマもありますが、基本的には国ごとにちがうのです。国内の文化のありようが、そのまま変化をもたらします。女性のなにが差別の標的にされてきたかにしても、言葉か振る舞いか、肉体的な力か心的な表現かなど、重点の置き方がちがっています。黒人差別は日本でも見られるのかも知れませんが、アメリカ合衆国でのそれとはちがうでしょう。

差別が成立するためには、加害者のほうも被害者のほうも共通の認識をもっている必要があります。共通の「ものさし」をもってないと差別ができない。ドイツ

防護服で身をかためて捜索。

人が日本の部落民を差別できるでしょうか。それぞれの国内で形成されてきた文化のちがいが差別には反映してきます。たとえば、フランス・スペイン国境に住む「カゴ」といわれても、日本人にはピーンとこないでしょう。

ウィキペディアにはつぎのようにあります。

「カゴは民族集団でも宗教集団でもない。カゴは地元民と同じ言語を話し、通常は地元民と同じ宗教を信じていた。彼らの共通点は、カゴとみなされる祖先を持つことだけだった」

あまりにも不思議な被差別民だとして、最近、話題にする人がふえています。しるしを見つけられないため、過去に根拠を思い描いているのです。「カゴとみなされる祖先」を持っていると周辺の住民にいわれ、その結果、カゴは職業を限定され、せまい区域内に住むよう強制されたのです。つぎのようないいかたが妥当なのかどうか、わたしには知識がありませんが、差別されるいわれをウィキペディアはつづけています。

「彼らが差別された理由については、クレチン病だったから、ハンセン病だったから、宗教的異端者《いたんしゃ》だったから、人肉食の習慣があったから、単に性質が邪悪《じゃあく》だったから、などの諸説があるが、整合性のある理由はほとんど存在しない」

「カゴ」(les Cagots〔仏〕、los Agotes〔スペイン語〕)
　カゴはフランスとスペイン国境に住む少数民族。

カゴと接する人たちの妄想《もうそう》によって差別がおこなわれ、カゴのほうも理由もわからないまま差別を受容している。異国の日本人はウィキからそういう知識を得ることはできても、カゴに会っても差別できないのではないか。差別・被差別の関係には、文化の共有が必要であるといいたいのです。

それと、つぎのことも確認しておきましょう。

わたしたちが問題としている「差別」は、宗教的な「シャベツ」でもなく、過去の「身分」でもなく、「差別化」や「区別」のことでもありません。かならずしも「社会内の劣者」のことではありません。近代国民国家がかかえこんだ特有の現象です。「先進国」と呼ばれている資本主義国で起きている事象に限られます。

これらの国の経済制度は、たえず競争を強要します。人よりもカネをもうけること、人よりもいい大学へ入ること、大きな邸宅《ていたく》や高級な自動車を所有すること、子たちに高い教育をあたえること、それらこそが重要なのです。人生の目的なのです。これほど精神性がないがしろにされ、物質的な欲望が肯定された時代は歴史に類を見ません。もはや宗教がブレーキの役を果たしてないのです。弱肉強食《じゃくにくきょうしょく》が容認されているわけです。そういう社会では、格差がどこまで野放図《のほうず》にすすむかしれません。社会の富の九〇パーセントを数パーセントの人が占有することだって起こり

シャベツ（差別）
『広辞苑』によると、仏教語で個体の差異をいう。差別の「差」を呉音で「しゃ」と読む。呉音は中国南方系の言葉。

えるのです。

あまりにも露骨な富裕層の出現は、社会を不安定にします。公平な競争の結果だと強弁《きょうべん》しても、富める者と貧しい者との差が歴然としているのに疑問がもたれます。そこで、目くらましに、この社会は「平等」だと教えます。でも実態は、「不平等」です。不平等すぎるので、「平等」というスローガンが必要にされたともいえます。要はこの言葉を中和剤にしたいのです。「平等」でないからこそ、「平等」をモットーにするのです。

例をあげてもういちどくりかえしておきます。

たとえばインドのカースト制度です。バラモン（司祭）、クシャトリア（王族や武士）、ヴァイシャ（平民）、スードラ（奴隷）にわかれています。これら四つのヴァルナ（種姓《しゅせい》）のそとにアンタッチャブル（不可触賤民《ふかしょくせんみん》）と呼ばれる多数の人がいます。ながい歴史のうちに編み上げられた身分制です。これはこれで、ひとつの文化なのです。もちろん、この制度によって支配者は被支配者をおさえつけ、収奪をしたのです。同じように、日本の「冠位十二階《かんいじゅうにかい》」も「士農工商」も文化なのです。支配と被支配を維持し固定する働きをしていますが、それはまた社会の安定のための知恵でした。それらを因循姑息《いんじゅんこそく》だと解釈したのは、近代になってで、政治的な作為《さくい》がはたらいています。つまり、近代革命後の社会の支配・被支配の新しい関係を隠すための作為でした。

過去の文化的な身分制度に疑問をつけたのが、近代社会のイデオロギーだといいたいのです。身分制度を解体して、平べったい人間関係を生み出そうとしたのです。商取引の拡大のためや、おおきな資本を集めるためには、そのほうが効率的なのです。じゃまなアンシャンレジューム（旧体制）を打破し、門閥にとらわれない個の確立が唱《とな》えられました。個と個は平等であるといわれました。「差別反対」はそういう前近代の障害物を取り除くための方便でもありました。露払いに利用されたのかもしれません。

Q4 差別は競争社会の産物ですか？

明治以降の差別問題は、貧民、部落民、障害者などがクローズアップされました。やがて女性問題が浮上してきて、おおきな影響をもたらします。

こんにち使用されている「差別という概念」が、時代や社会で区切られ、制約されていることを述べました。時代や地域を越えた「普遍的な問題」などではないことを強調しておきたい。「反差別」が永遠の真理などではなく、いまの社会体制がつづいているあいだだけの政治的な政策だと理解したいのです。そういうことが見えてくる地平にわたしたちは到達しています。

差別には「テーマ」があることも、ここでもういちど確認しておきましょう。どのような対立を差別というのでしょうか。人種差別とか障害者差別とかいうときの、人種や障害者のことです。このふたつに女性差別をくわえると、国境をこえて通用するかもしれません。でも、さきにもいいましたように、こまかく見れば、国ごとでちがいがあるのです。

むつかしいのは、社会にはいっぱい対立があるのに、なぜ特定のテーマが浮上してくるのかということです。差別的な行為や差別的な言辞《げんじ》はどこにでも見られます。家庭内にも、父母や夫婦、親子のあいだで、しょっちゅう差別的な会話がかわされます。背の高低、肥満《ひまん》の度合い、言葉のアクセント、頭髪の量など、無数の差異が話題になります。揶揄《ひゆ》や挑発《ちょうはつ》がつきまといます。怒ったり、笑ったり、家族の反応はさまざまです。そういったなかで、どういうものが「差別の社会問題」となるのでしょう。

たとえば明治維新後の日本を例にして見ますか。

江戸時代の身分制が残した対立がしばらくはあったでしょう。士族《しぞく》と呼ばれるようになった「もと武士」は、あらゆる特権をうしないながらも、町人や農民を、自分たちよりも下に見ようとしたでしょう。農民は「新平民」（↓Q2）を下に見ます。「新平民」は、「もと非人《ひにん》」や「もと乞胸《ごうむね》」を下に見ました。身分ごとの習俗のちがいが意識されて、それを差別の根拠にしようとします。

鹿鳴館《ろくめいかん》のころになると、新興勢力があちこちにあらわれ、造船だ貿易だ、金融だ株式だと、殖産興業《しょくさんこうぎょう》が盛んになり、市中には学生（書生）と人力車があふれかえります。江戸のころの身分観はうすれ、貧富のちがいのほうが目立ちだします。洋

乞胸
零落した「浪人」のうち、大道芸などをなりわいにしたグループ。仕事中は非人頭（ひにんがしら）の支配を受けたが、町屋に住んだので身分は「町人」にされた。非人頭では、江戸の車善七（くるまぜんしち）が有名。

服を着用し、シルクハットをかぶった成功者はふんぞりかえり、持っていたコウモリ傘で、ゆかた着の乞食《こじき》を追い払いました。

「もと非人」らは、こじき稼業《かぎょう》まで禁じられて零落《れいらく》したままです。徳川から無税であたえられていた土地も取り上げられ、湿地帯とか崖下、火葬場周辺など、人の住みたがらない空地に小屋を建てて身を寄せ合います。軍隊の練兵場《れんぺいじょう》のそばには、残飯をあてにした集落ができます。貧民窟《ひんみんくつ》と呼ばれました。スラムの始まりです。

明治の社会もまた江戸時代とおなじように、序列のはっきりした格差社会でした。かつての青年革命家は、いまや勲章に身を飾り、別荘を大磯や逗子、那須や京都に持つ金満家《きんまんか》になりました。大名気取《だいみょう》りです。一方には、職もなく家もなく、路上をさまよう「こじきの家族」がいっぱいです。江戸の身分制度が近代の差別に入れかわっただけだともいえます。ルンペンに向けられる市民の視線は差別的でした。これが文明開化の真実です。大衆にとって、江戸時代より明治のほうが住みやすいと、かんたんにはいえない。

ただ、近代はいちおう「平等」の看板をかかげています。平等でないことは是正しなければならない。そう考えた人たちによって、スラムで呻吟《しんぎん》する人たちへの救済がはかられます。「近代の目」を獲得した知識人によって始めて、「貧民」が社会問題化したのです。「坂の上の人たち」が強国日本を目指して軍拡路線に狂奔《きょうほん》しているとき、国内の大部分の市民は重税にあえいでいたのです。

貧民層の核になっていた「新平民」も、「近代の目」で見直され、社会問題になります。これまでは目にもいれなかった存在が、知れば知るほど「特殊」に見えてきます。解放令（↓Q5）が出てから三十年たっても、かれらは一定の区域に住んでいました。先祖が建てた家にいて、ちいさい田畑をたがやしています。道の端を静かにうなだれて歩きます。のどがかわいても、煮炊き屋や茶店には入りません。どうしても購入したいときは持参した椀《わん》にいれてもらうのです。「平民」になったのに、頭《ず》を低くしてなんどもおじぎしています。かれらは全国に散在していて、皮革関係を中心にしながら、清掃《せいそう》や廃物処理などの作業に従事しています。

明治政府はすべての子に小学校へ行くことを命じます。部落の子も例外ではありません。初めは部落の学校と農民の学校は区別されていましたが、すぐに合併になりました。教室でいじめられたり、シカト（無視）されます。先生もおなじ態度です。それどころか、部落の子が暴力をふるわないか監視しているのです。かれらが「普通の子」に怪我《けが》でもさせると、父兄が立腹して怒鳴《どな》りこんでくるのを知っているからです。逆の場合、部落の子がいじめられるのは、見てみぬふりでした。かれらとの結婚など、だれも思いもしない時代でした。大正時代で通称「三百万人」というかれらがどうして存在したかは歴史の領域です。わたしもあちこちで書きちらしましたので、ここではくりかえしません。似た境遇の集団が外国にも見られますが、日本の場合は規模がちがいます。網の目もこまかく規則的に散在しています。ながい歴史のうちで、関東と関西とではちがってきています。

かれらのおおくがまずしい生活を送っていましたが、貧民一般に還元できない特徴《とくちょう》がありました。社会全般に「ケガレ意識」がずっと残って、かれらを苦しめたのです。「被差別部落」が、日本の近代の差別問題の中心になったのは、そのためです。そして、解放を目ざして実践した人たちの試行《しこう》は、ほかの差別問題に多大な影響をあたえました。のちに「在日」といわれるようになる朝鮮人差別の問題もそうです。明治になって日本に流入した朝鮮人の集住の仕方が部落をモデルにしたともいえます。やがて「朝鮮人部落」が、各都市で目につくようになり、一九一〇年（明治四十三年）の韓国併合条約ののちは、さらにひろがって行きます。

ハンセン病の問題もあります。精神障害の問題もあります。障害者差別、職業差別もあります。いくつもの差別事象のうちから、これらの差別が「発見」され、

ケガレ意識

ケガレた場合は、水できよめる。その最初の記述は三世紀の『魏志倭人伝（ぎしわじんでん）』に、「埋葬がおわると、一家をあげて水中に詣（いた）り、からだを洗い、練沐（れんもく）のようにする」とある。非常にふるくからの概念だとわかる。岩波文庫で石原道博は、練沐を、「ねりぎぬを着て水浴する」と説明している。死者や病者にふれて伝染するのを避けようとしている。エタ身分は死んだ牛馬にさわるのでケガレているとされた。高貴の身分の者でも、死や血にふれるとケガレ、喪（も）に服した。神社では手水所（ちょうずどころ）がもうけられている。いまは手を洗うだけだが、むかしはうがいもした。

社会的な差別問題になったのです。当然、その解決がはかられました。

近代社会の最大規模の差別である女性問題は、それほど深刻に語られてこなかったきらいがありますが、社会にあたえたインパクトはつよかった。産業革命のイギリスで、そして、綿花畑《めんかばたけ》のひろがるアメリカで問題は始動します。そのようなニュースが、日本につたわってきます。奴隷解放には賛意を表した明治政府も、女性解放にはしぶい顔です。おくゆかしい大和《やまと》なでしこの美風がうしなわれるというのです。それでも、平等をモットーにする社会です。すこしずつ、女性の主張が聞こえてくるようになり、それが本格的に力をもつのは、やはり第二次大戦後になります。二十世紀後半の高度経済成長期です。ウイメンズリブ（ウーマンリブ）からフェミニズムへと展開していきます。人類の半分を解放する運動です。家庭にも職場にも学校にも、どこにも女性はいます。じわじわと改革はすすみ、ほかの差別問題にも影響をもたらします。

近代市民社会では、フランスでもアメリカでも、そして日本でも、あるテーマが差別問題として取りあげられ、やがて政府も自治体も解消に協力するようになります。逆にいえば、差別を発見して、それを解決することで、すこしでも平等を実現しようとするのが、近代社会の政治技術だともいえます。

経済競争によって不断に生み出される落伍者《らくごしゃ》は、本当は企業・資本家が救済しなければならない。景気がよくて生産を活発にしなければならないときだけ働き手をもとめ、景気が悪くなったといって首にしてしまうのはじつにいいかげんです。失業者対策は企業の責任でおこなわなければならないのに、それを社会のカネで救済させようとする。

もうすこしきびしく見れば、営利追求の社会は差別を作り出す構造を内包《ないほう》しているともいえます。たえず外部を作ることによって内部の活動の正当化をはかっています。貧民は競争社会の産物であるにもかかわらず、外部に捨てるのです。これら貧民はいつでも差別の温床になりますが、貧困や格差がすぐに差別とはいえません。そこから抜け出すことが個人の努力で可能だからです。その道がどんなにほそくてけわしくても、抜け出せるのです。

言いかえれば、いまの社会は経済的な不平等を前提にしています。あらゆることにランクがつけられ、ひとつでも上の階に行きたい。たえず上昇しようとする個人の努力で社会が発展するように設計されています。その約束が守られるのが、「自由社会」というわけでしょう。そのとき、女性だから前へすすめない、階梯《かいてい》をのぼれない。道が閉ざされているなら、それが差別なのです。男と平等ではないといって抗議しますが、「平等でないこと」が差別ではありません。近代になり、「平等の概念」が社会にひろまったのちに、差別の問題は見つかるのですが、「平等でないこと」を、差別というのではありません（↓Q11）。

禅問答《ぜんもんどう》みたいで、すみません。

もういちど、くりかえします。この社会は自由競争にゆだねられたランクが合意されています。それなのに、そのルールから排除されたグループがいました。かれらは声をあげて不当を訴えました。当人たちが抗議して、その存在が明るみに出てきたともいえます。営利追求の過程で、外部に捨てられていた人がいたのです。「平等でない」と主張しましたが、「平等でない」のは、競争のスタート地点に並ばせてもらえないことなのでした。

かれらの存在は、内部社会のゆがみも照らし出してくれました。きれいごとで語られてきた市民社会の構造があばかれます。外部を作ることで、内部の活動の正当化をはかっていたのが見えてきます。3・11以降、市民社会は外部の反攻をもろに受けたといえます。津波で被害をこうむった人や放射線被害にさらされた人ばかりではなく、首都圏の人もあわてふためきます。正確に情報が伝わってくれるなら、どうすればいいのか判断のすべもありますが、どの報道が正しいのかわかりません。

戦時中の報道管制とちがって、テレビも新聞もあふれるばかりにニュースを伝えていますが、「直ちに健康への影響はありません」と言う論調が多く、さまざまな情報が隠蔽されました。混乱のなか、帰国をいそぐ外国人もいます。関西へ引っ越した企業まであらわれます。

関東大震災のときもこうだったのでしょうか。流言飛語《りゅうげんひご》にまどわされたのですか。朝鮮人が略奪し放火していると聞いたときは、それは事実として伝えられたのです。あとになってデマにすぎなかったと知るのです。大正のときよりも、何十倍もおおくの声を耳にしながら、それでも判断がむつかしい。ただ、市民社会が危機にさらされたとき、いろいろな理由をつけて弱者をおそい、病者を強制的に隔離してきたことは記憶にあります。なにがまっとうな意見なのかわからないとき、過剰な排除が起こります。

女性差別や部落差別が解消にむけてすすんでいる時代に、むかしと同じ差別意識が生まれたのです。善良だと自認する市民が加害者になります。このパラドックスが市民社会の本質だといいたいのです。これまで問題になった差別は解消されているのに、差別する市民社会の内部はむかしのままなのです。いつでもあたらしい差別を生み出す状態なのです。非常時や利害が対立したときに、差別は頭をもたげ

差別と真実

差別者が初めから悪意を抱いているのではありません。ケガレを避けようとするのは、伝染への恐怖であり、生活の知恵でもありました。情報はいつも真実だという雰囲気で伝達されます。僧侶（知識人）が肉食をすれば地獄へ落ちるというので、農民は牛馬を食べるのをやめた。肉食をする部落民と一線を画した。そうしていたら、肉食こそ強兵のもとになると推奨される。政府が言うのだ、研究者が言うのだ、専門の科学者が言うのだ。権威を真に受けて行動していたら、あるとき、それらの意見が否定される。そのときには、すでに迫害や忌避が、弱者（被曝者）に対して行なわれている。

るといわれてきましたが、まさにそのとおりでした。「平等」とか「民主」とかいっていた社会の正体が、弱肉強食、利己主義、暴力を背後に隠し持っていることがわかりました。

Q5 部落差別は封建的遺制ですか？

維新政府は江戸の社会を「封建的遺制」として忌みきらいました。部落も身分制度の残滓に見えました。その延長で解放の理論が作られます。

もうすこし、歴史的な経緯にふれておきます。

維新後、かなり長期にわたって、江戸の遺制をにくむ時代がつづきます。新しい支配者が、まえの社会をボロクソにいうのは、どこの国でも見られますが、それ以外に、新しくやってきた思想が、日本独自の習俗を捨てるように要求したからです。黒船艦長のペリーは、日本を野蛮な異教徒の島国としか見ようとはしませんでした。イギリス公使館の初代大使のオルコックがどれほど日本人を蔑視していたか。当人たちが書きつづった記録はいまでは翻訳されて、日本の町の図書館でかんたんに読めます。

明治新政府のイデオロギストが、独善的なクリスチャンの言説に乗っかります。乗せられたというよりは、自分からチョンマゲを落とし、斬髪《ざんぱつ》（散髪）してみせた

二人の著書
ペリー『日本遠征記』、オルコック『大君の宮古』。

のです。はかまを捨ててズボンをはいたのです。人よりも早く文明を開化しようと競争し、東京は書生《しょせい》と人力車《じんりきしゃ》の町になったのです。

不平等条約反対といいながら周章狼狽《しゅうしょうろうばい》する維新の元勲《げんくん》のすがたがいちばんみじめでした。場当たり的な鹿鳴館《ろくめいかん》のからさわぎは滑稽《こっけい》の頂点でした。しかし、その後の史家は明治維新を近代の黎明《れいめい》としてほめたたえたのです。そういう教科書をつくり、子たちの頭に井上馨《いのうえかおる》とか山県有朋《やまがたありとも》とか、尊大なエゴイストの名をねじこみました。

よく知られていますが、芸術の分野でも、浮世絵《うきよえ》や仏像の価値に気がつくのに時間がかかりました。しかもアメリカ人の研究者に教えられてです。いいものの多くは、すでに二束三文《にそくさんもん》で買い占められ、かれらの本国へ送られていました。そして、浮世絵はすばらしいとパリで人気になれば、その過褒《かほう》な評価を鵜呑《うの》みにして、こんにちの美術の授業で自画自讃《じがじさん》しています。

「富国強兵《ふこくきょうへい》」という言葉で象徴される帝国主義の思想は、ヒロシマ、ナガサキで破産しますが、こんどはアメリカの圧迫の元で、もういちど、原発もふくめて、「昭和後期の文明開化」をやりなおしています。わたしたちはその流れにいまもいます。

身分制の解体も、資本主義の発展のためには不可欠で、それを自由平等のスローガンで飾って押しすすめます。仕事によって区分けされていた身分がなくなり、ばらばらの個人になります。武家屋敷とか寺町とか市場《いちば》町とか、仕事の種類によって住居もきめられていたのがいりまじり、代わりに「高級住宅地」が出現します。

封建社会は親の仕事を子が引き継ぎます。次男や三男は養子に出て行くか、そのまま長男の配下《はいか》にとどまります。失業の心配のない人が多かったともいえます。維新後、職業は選択制になり、身分による垣根《かきね》はとりはらわれます。能力と運とで、社会の階梯《かいてい》を上昇して行くことができます。しかし、失業の不安はつきまとい、経済の事情で転落しても自己の責任になります。

部落の変化も、右のおおきな歴史的な変化にかさなります。「人間はみな平等」というスローガンをてこにして、賤視《せんし》されていた身分からの脱出をはかったのです。穢多《えた》身分《みぶん》の頭領《とうりょう》であった弾左衛門《だんざえもん》は、解放のために十三代つづいた地位を捨てる決心をします。蓄積していた富をそのために惜《お》しげもなく使用しました。部落の側のそのような意志と政府の側の身分制廃止の政策が合致《がっち》して「解放令」が出されます。近代的な人間関係をきずくための処置でした。

しかし、近代化によって、それまでの安定していた身分制がこわれるのに反対した人びとがいました。当時の人口でいえば、圧倒的な多数を占める農民でした。新政府と路線を同じにした部落民と対立します。「解放令反対一揆」が各地で起きます（→Q17）。「文明開化反対一揆」の一部なのですが、江戸時代では部落の大半は農村にありました。一定の区域に住みますが、農民の住まいに近接しています。なぜかといえば、農民の仕事を手伝うためです。両者は、身分はちがっても、ひとつの共同体をいとなんでいたのです（→Q17）。

解放令は、その垣根を取りはらうのを目的にしていたのですが、農民は従来の関係を維持しようとし、新政府への反発が部落民にむけられました。いちばんちかくにいた人がにくみあうようになったのです。解放令反対一揆では部落を焼き払ったりしました。政府は強権をふるい、農民の首謀者《しゅぼうしゃ》を逮捕して処罰しました。新政府が部落の側についたということで、その後、いっそう農民から部落はにくまれることになります。農民は表立って差別ができなくなり、部落への態度は陰湿《いんしつ》になります。ひそやかに悪口を言います。土地を売らない、やとわない、部落民とは結婚しない、いっしょに遊ばないなど、両者は決裂したまま百数十年をすごしたのです。

身分制はなくなりましたが、憎悪の関係が残されたのです。ロシア革命を契機にして、西欧では人権思想が高揚し、その波はすぐに伝わりました。部落民もまた、解放の組織をつくります。各地に生まれた水平社を、ゆるやかにつないで、差別者を糾弾《きゅうだん》することを方針の中心にしました。

　このとき、マルクス主義の影響もあって、部落を封建時代の遺制としてとらえるまちがいをおかします。解放令で近代化の側に置かれ、そのため農民と対立していたのに、そのことは見すごされました。かれらの指導者は、つぎのようにいうのです。「解放令がきちんとおこなわれなかったから、大正時代になっても部落があるのだ」と。現実には近隣の差別的な農民を糾弾していながら、理論のうえでは農民とともに革命をおこなうことで解放が実現できるとしたのです。

　なんという錯誤《さくご》でしょう。差別している人と手を組んで、差別反対をやろうというのです。その結果、差別者が農民だという単純な事実が、かき消されます。近代の差別は制度ではなく、関係性だという実態も見えなくなります（↓Q19）。

　部落の解放は革命によってなしとげられるという理論は、第二次大戦後に、いっそう強められます。ブルジョア支配階級とその政府を打倒しなければ部落の解放はないというわけです。造船会社や炭鉱や自動車産業は、労働者を長時間、低賃金ではたらかせます。こういう状態を「搾取《さくしゅ》」と呼びました。生産手段を持っている

水平社

　全国水平社は、一九二二年（大正十一年）に創設された。運動は各地に広がり、同年には、京都水平社、埼玉県水平社、三重県水平社、奈良県水平社、大阪府水平社、愛知県水平社が誕生した。翌年には、関東水平社、静岡県水平社、愛媛県水平社、岡山県水平社とつづいた。中央集権的な組織でなかったことに注意。

階級が、持ってない階級を支配していると考えたのです。労働者は団結して資本家を倒し、搾取のない社会をつくる。それを革命と呼んだのです。太平洋戦争をはさんで、日本では二度、社会運動がさかんになります。ロシアではツアーの専制政治を廃して、労働者が主人公である「社会主義革命」が実現しています。マルクス主義とか社会主義といわれる思想の影響力はつよく、部落解放の理論も引っ張られてしまったのです。階級闘争の片棒をかつぐことになります。

ただ、革命運動が目的とするのは格差の解消です。貧困の撲滅です。Q4で問うた平等の問題に関係してきます。経済的に平等でない社会を平等にしようというのです。差別を受けている人の多くが貧乏だったので、この運動をいっしょにやれると思ったのです。それで、被差別部落でも組合に似た組織をつくって戦線にくわわります。支配階級と被支配階級という社会制度の問題に包摂《ほうせつ》されたともいえます。

しかし、部落のうちにも裕福な階層と貧困にあえいでいる階層があったのです。地主《じぬし》と小作《こさく》は対立していました。差別は所有の問題とは関係がない。解放令後の部落民は、市民との関係性のなかで差別されていたのです。封建制の遺制ではなかったのです。そこでおかしなことになります。部落民は、差別者とスクラムを組んで、自分たちを解放してくれた支配者と戦うということになりました。平和時はもちろん、ファッシズムの時代に、部落差別を回避したがっているのは当局や軍部だったのです。アメリカと戦う軍のなかで対立などあってはならないのです。国民すべてが「天皇の赤子《せきし》」として平等だという説得がくりひろげられました。

それでは差別問題の元凶《げんきょう》はだれなのでしょうか。「反差別」は、なにを変革することで可能なのでしょうか。

差別が制度ではなくて関係性であるかぎり、それは一国の文化に由来しているとすべきでしょう。大多数の人が行動をとるときの判断の基準はそこにふくまれています。だれもが知っている暗黙の常識です。あいさつや、食事の作法《さほう》、エスカレーターの乗り方です。それを「規範《きはん》」とか「常識」とでも呼んでおきます。だれの意見にしたがうのがいいのか、だれの言葉はうたがったほうがいいのか。そういうことも、この規範に照らされて判断されます。

さきの放射能差別を例にとれば、人に伝播《でんぱ》するほどの放射能汚染は見られないという、科学者や有識者の言葉です。信じますか、うたがいますか。これらの意見にうなずき同意する多数の市民がいる場合は、右の放射能への説明が規範になるのです。そして、いちど成立した規範はひとつの圧力でもあります。人びとの頭をしばります。フクシマの子に接する子や親たちも耳をかたむけざるを得ないのです。この例では、みんな規範をうけいれて、疎開してきた子を差別しなくなりました。しかし、差別しないことと、影響がないという意見、規範とは別問題です。規範自体が実はわからないし、疑わしいからです。

差別行為はちいさいエリアで起こります。わたしはこれを便宜的に「地方区」といってきました。対立する人たち双方の頭をしばっている考え方を「全国区」と呼びました。部落の子を体育館の陰に引きずってきて、ぼこぼこにします。トイレにつれこんでズボンを脱がせて嘲笑しました。むかしはそれで完結しました。いまでは、コミュニケーションの発達は、そのちいさい事件を一瞬にして全国に知らせます。人びとの規範がうごきだして、ひどい部落差別だという審判がくだされます。いまや地方区の事象は、全国区の直結しています。そのとき、一国の社会の文化の質が問題になるのです。

Q6 近代の部落問題の始まりは?

女性問題や部落問題は維新後、しばらくして始まります。「近代の目」を獲得して見直すと、なんでもなかった関係が差別に見えてきます。

差別の生起する基《もと》に、その国の「文化」があります。ここでいう文化は、国民が共有する意識のことです。政治、教育、報道、世事《せじ》をふくみこむ、とてつもなくひろい領域を考えています。経済の発展や、外国との関係、国内の権力のかたちなどもふくまれ、文化の内容は流動的です。

明治維新のまえにくらべて、言論の活動はさかんになりましたから、変化のスピードも早い。それまでの社会といちばんちがう点だといえます。江戸時代は「古式」を守るのが大事で、変化はタブーにちかい。それが、「変化」は進歩だと理解されるようになります。「進歩」は文明だと誤解され、「流行」が肯定されます。

「近代の目」の獲得によって、それまではなんでもなかった芸人や乞食、身分を解かれた人たちがふたたび「異形《いぎょう》」な存在として認識されます。そのことをわたしは『異形にされた人たち』（河出文庫）の冒頭に書きました。かれらは市民社会から、はみだしているようにも見えましたし、社会の底辺へ転落した人のようにも見えました。いずれにしろ、救済の必要が訴えられ、スラムの解消に社会は努力することになります。

経済の盛衰は株価や生産量や貿易の数字で判明しますが、文化の変容はそのようには明確につかめません。書きのこされた手紙や、絵や小説、新聞や雑誌、歌謡や芝居などを通してぼんやりとわかる程度です。たとえば明治の初頭の女性はどのような視線にさらされていたのか。

情愛の対象としての女性以外は、ほとんど、男の視野に入ってこなかったのではないか。男は男と仕事をし、男と遊興《ゆうきょう》に出かけたのです。武家の社会と陸つづきです。男は寮生活を送ったり、見習い奉公に行ったり、軍隊では男ばかりです。女と対等に経済のことを語ることはなかったし、天下国家を論じる必要を感じなかったでしょう。

江戸での女性の身分はどうだったのか。家にいるあいだは父の身分に組みこまれ、嫁《とつ》いでは夫の身分に、老いては子に属しています。「女という身分」すらなかった。そして、それをだれもおかしいと思わなかった。一時、遊女《ゆうじょ》は独立した「身

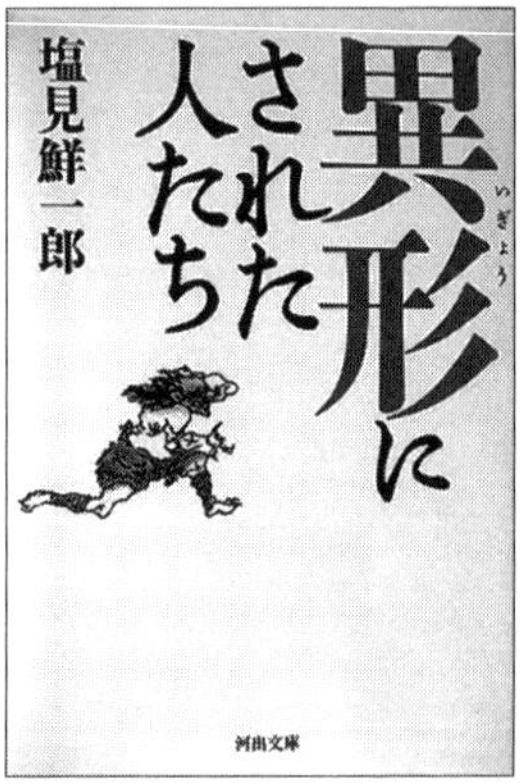

『異形にされた人たち』（河出文庫）。

分」のように思えたこともありましたが、やはり楼主《ろうしゅ》の身分とおなじにあつかわれていたとしたほうが妥当に思えます。彼女たちは楼主から「こども」と呼ばれ、女たちは楼主を「おとうさん」と呼んでいるのはそのことをしめしています。で、楼主はどの身分に属しているのか。まさか「商人」ではないでしょうね。いや、やはり、「商人」身分でしょう。

維新後しばらくは、女たちは「見えない人間」でした。西欧崇拝の主役たちも、「レディーファースト」の風習だけは流入してくるのをいやがっています。同時期、ビクトリア女王のイギリスでは産業革命がおしすすめられ、旧来の身分がこわれて行き、女性も自分たちの位置に気がついてきます。家庭教師として働きに行き、作家になり、旅行者にもなります。彼女たちの主張や行動が日本にもつたわってきます。

都市部のごくごくわずかな女性によって、日本での女性の社会的な状態が問題にされました。気づいてみれば、あるいは、「人権のメガネ」をかけて眺めれば、女たちは男に従属し、子どものようにあつかわれていました。家制度のなかにくみこまれた「性能のいい歯車」でした。

戦時中の商家の記憶がわたしには、すこしだけあります。明治生まれの祖母を

楼主
吉原は大小の個人の家の集合体で、個々の家で遊女や世話人をかかえていた。その家の主人が楼主で、「おとうさん」と呼ばれた。拙著『吉原という異界』(現代書館)を参照。

中心にした一家でした。商《あきな》いの関係者がしきりに出入りする大所帯《おおじょたい》でした。女の子がつづいて生まれ、にぎやかでした。その女たちが炊事場《すいじば》にあつまり、朝から晩まで働いているのです。水道はありましたが、井戸の水もまだつかっていました。水を何杯もくみ、おおきな盥《たらい》で洗濯をします。中庭の高い物干《ものほ》し竿《ざお》は何段にもならびます。乾くと取りこみ、たたみます。毎日の仕事です。米をあらう、釜でたく。まきを運んできてくべる。冬にはいくつもの火鉢《ひばち》に炭《すみ》を用意します。叩《はた》きで障子《しょうじ》の桟《さん》のほこりを払い、ほうきで掃《は》きます。病人や老人の世話も女たちにまかされていました。

　なつかしいので、長々と書きましたが、けっこう活気に満ちていました。女たちは家長《かちょう》の支配下にあります。「恋愛の自由」など、ごく一部の人の言葉で、結婚は家と家との結合でした。そのことを、女性自身がそんなにいやがってなかったようです。いまの本には、女たちは自立を望んでいたが、周囲の環境がそれをこばんだなどとよく書いてありますが、そうではない人もいました。わたしの叔母《おば》は初期の電話交換嬢でした。いっぱい穴のあいたボードのまえにずらりとならぶ制服の女性の写真を見たことがありませんか。ヘッドホンかなにかをつけていて、「姫路の五番を」という客からの声を聞き取り、その穴にプラグをさしこむ。たぶんそんな仕事です。

明治の末か大正の初めですから、当時としてはモダンな仕事でしょう。「どうでした」とたずねると、「つまらない仕事でした。家にいたかったのに、おカネのために、しかたなく勤めたのよ」と、叔母は話題にするのもいやなようでした。女が働くことは、貧困のしるしでもあったのです。

部落の人たちも、江戸と地つづきの生活をしていました。まだ日本は農村社会です。部落は村はずれにかたまっています。戦国武将が必要とした部落は規模も大きいですが、一般では、百姓の村のおおきさに比例します。戸数のおおい村落には、それなりの部落が必要でした。ちいさい寒村では、部落も二、三軒でしょうか。北に行くほど部落がすくなくなるのは、死牛馬《しぎゅうば》の処置を農民がみずからおこなったからです。皮革生産の分業化が、関西ほどすすんでいなかったと解釈しておいていいでしょう。

日本のような規模で部落が形成された国はほかにありません。だから部落差別に関する理論が欧米から入ってくることはなかったのです。知識人や政治家による「融和」が手さぐりで試みられたぐらいです。つまり、解放の理論は当事者にまかされていました。

大正デモクラシーの洗礼を受けた青年たちが、自分たちの村が極端にせまくて、立てこんで、きたないのに気がつきます。それが当たり前だったのに、当たり前でないと思うようになりました。差別の発見であり、部落問題の始まりです。Q5でも記しましたが、戦前の運動はマルクス主義の影響のもとにありました。しだいに労働運動・農民運動に接近します。そして、最期は皇国史観に取りこまれます。天皇の赤子として十五年戦争にかりだされました。

戦後しばらく日本全体が極度に疲弊《ひへい》していました。都市では焼け野原がひろがり、だれもが衣食住にこと欠きます。おおきな家もちいさな家も、もう区別がつかない。庭木すら焼夷弾《しょういだん》の油脂《ゆし》をふりかけられて燃えるのです。

燃え残ったわずかな家には、なん家族もが共同で住みました。小学二年生のわたしも、疎開地から市内にもどってくると、長屋の玄関の間《ま》に母と住みました。ちかくのキャラメル工場の社宅だったのか、そんな感じの平屋の建物がちいさく区切られています。一戸はふた部屋だけで、裏手に炊事場と便所がついています。そんな造りでした。奥の六畳には老夫婦がいました。ふたりとも弱りはてて寝ついていました。たぶん食べ物を買うカネもなくなり、玄関わきの三畳間を貸すことにしたのでしょう。この長屋でわたしは赤痢《せきり》にかかり死線をさまよいます。眠っている老夫婦の部屋をぬけなければ便所には行けない。そのトイレも暗くて、きたなかった。わたしもつらかったが、母も気をつかったでしょう。

ヒロシマ、ナガサキには原爆。全国の都市が空爆にあい、日本史上でもっともダメージを受けた時代でした。みんな近親者に死者がいましたから、思い出しては泣いています。「江戸の賤民」よりもひどい暮らしを、みんなが体験していました。しかし、一年がたち、二年がすぎて行くと、バラックが建ち、やがて安普請《やすぶしん》ながら一軒家がもとの土地にできます。だいたいですが、金持ちだった人はおおきな家を再建し、まずしかった人はスレート葺《ぶ》きのそまつな家をつくりました。焼失まえの貧富の差が再現されます。いちどはひらたくなった地面が、また区分されて、経済的な階層を描き出しました。

復興から取り残された人たちは、水はけの悪い土地にいつまでも住んでいます。廃材で組み立てた小屋、トタン屋根の家、共同の井戸と便所。くねくねとした細い道が張りめぐらされています。部落のおおくの人は、江戸時代と変わらない土地に住んでいました。都市の部落は空爆で燃えましたが、同じ場所に掘っ立て小屋を建てて、身を寄せ合ってくらしました。「改良住宅」ができるまでは、そのような環境をしいられた部落が多かったのです。

一度はひらたくなったのに、戦後まもなく元にもどったのです。このことは、部落の存在が物質的なことではなく、関係性で残存していたことをしめしています。おおきく文化の領域の問題であったことを教えています。つまり、空襲で住まいがなくなったとき、小金をためていた人はよその土地に行けたのです。戦死者や焼け死んだ人がたくさんいました。主がいなくなった土地はいっぱいあった。安い値段で、そこへ行くことができたのに、大部分の部落の人は元の場所に小屋を建てました。文化の重圧が体を押さえつけていたからです。

Q7 経済成長はどういう変化を部落にもたらしましたか？

戦後にリセットされた部落問題は、高度成長期までは戦前と変わらない。市民の差別意識もまた濃厚でした、それが共同体の消滅につれて変化します。

アメリカの占領軍が駐留し、これが「第二の黒船」になりました。かれらの都合のよい諸制度が押しつけられます。そのやりかたが巧妙だったからか、それとも天皇よりはマッカーサーのほうがまだよいとひそかに思ったのでしょうか、戦後の改革は信じられないほど、すんなりとすすみました。

「第二の開国」でもありました。戦前と戦後は革命的にちがいますが、両者が切断されたかといえばそうではない。おおくの面で継続しています。戦前の財閥や大地主が画策したのではなく、占領軍のポリシーでそうなったと考えるほうがいいでしょう。アメリカが強要したのは、さらなる日本の近代化で、それは明治に敷かれた路線でした。

部落問題にも、リセットボタンが押されます。

被差別部落は戦前と同じように困窮していました。同じ地区に住み、周辺の人から差別されています。解放の運動もまたよみがえりますが、あいかわらず共産党の影響下にあって、革命の一部隊として位置づけられます。

多数の部落はまわりの農民から疎外《そがい》されたままです。都市部においても、周辺の視線はつめたいものです。部落民と農民との結婚などゆるされません。若者の動向をおとなは見張っています。息子がつれてきた嫁の出自《しゅつじ》を調べるのです。まだ「仲人《なこうど》」という役回りの人がいました。だいたいが普通のおばさんで、お節介《せっかい》にしゃしゃり出てきて、いろいろと噂をあつめているのです。適齢期《てきれいき》という言葉がありました。戦後まもなくは、女性は二十から二十三ぐらいですか。男は三、四歳年上がふつうですか。いまよりもずっとわかい年齢で結婚しました。「結婚しない」という選択肢はなく、うまく行かない「いかず後家《ごけ》」がいるだけです。この言葉はきついので、「オールド・ミス」になります。

仲人はあちこちの家に出入りし、お見合いをすすめたのでした。ボランティアみたいなものです。もちろん、おおきな部落にもおなじような人がいました。

たぶん仲人の意識が、時代の精神のありようをもっともよくあらわしていたはずです。過去の身分、現在の経済力、社会的な地位や学歴などを把握しています。

釣書
系図のこと。江戸時代は古式を重

とんでもない!!
子どもが産まれたら部落民よ。
ダメッ!!

男女両人が属する家のレベルをまずは考慮したでしょう。健康や美醜《びしゅう》もまた大事な項目です。家から家へ訪れていた生命保険の勧誘員などは仲人として適任でした。

社会の潤滑油《じゅんかつゆ》のつもりだったかもしれませんが、部落民を排除する機能も受け持っています。きわめて差別的な行為をしたわけです。縁談の成立前には「釣書《つりがき》」という身上書《しんじょうしょ》を取り交わします。そこには本籍や現住所が書いてあります。その地名を見て、仲人は部落かどうかすぐに判断ができたのです。しかし、出自が隠されるときもあります。貧困はかならずしも目じるしになりません。裕福な部落民はめずらしくないし、高学歴の人もいます。部落のしるしは、その誕生した土地だけです。仲人や調査機関がそのために必要とされてきました。

このころ、一般の市民は婚姻関係や雇用関係でも生まれなければ、部落についてまるで関心をもっていなかった。「部落ってなに」と質問しても、「さあ」といって首をかしげています。農村はともかく、都市部ではかたわらに部落がないかぎり、ほんとうに知らない。東京の人の多数は、東京に部落はないといっていたのです。

わたしの親の世代は大正生まれですが、かれらもまた、部落の歴史も実情もよく知らなかった。ただ忌避《きひ》することだけを伝えあっていました。部落のそばを通っても、そのなかの道を通り抜けることがあっても、まわりの貧しさからは目をそむ

んじたので、とくに家系の一覧表は重要視された。それが近代に引き継がれ、結婚する両家に提出した。

釣書

緑風　太郎
昭和○○年○月○日生

本籍地　東京都文京区本郷一丁目一番一号
現住所　東京都文京区本郷二丁目一七番五号
学歴　平成○年　都立○○高校卒業
　　　平成○年　○○大学○学部○科卒業
職歴　平成○年○月　（株）緑風出版入社
身長○センチメートル、体重○キログラム
健康状態　良好　既往症なし
資格　普通自動車免許
趣味　読書、水泳
宗教　特になし。家　○○宗
父　緑風　一郎　昭和○○年○月○日生
　　（株）○○社　取締役
母　緑風　花子　昭和○○年○月○日生
　　専業主婦
弟　次郎
　　フリーター
義姉　三子　昭和○○年○月○日生
　　専業主婦
父の里　東京都文京区本郷一丁目一番一号
母の里　東京都港区赤坂一丁目一番一番

けていました。なにも見ない。かかわりあいたくない。一生、部落については、見ざる言わざる聞かざるの三猿主義ですごすつもりだったようです。

これら戦前からつづいた関係が劇的に変化するのは、一九七〇年のころからですか。もっと早くから徐々に変わりだしていましたか。どの地域に注目するかでちがいます。山村の部落の変化は遅々としていたでしょう。都市周辺では二十世紀の後半、高度経済成長が根底からの改革になったのです。戦後すぐに成立した「日本国憲法」には、婚姻は両性の合意のみにおいて成立するとありますが、それが実施されるためには、経済的な変化が必要だったのです。

東京・大阪間を一日なん十本となく往復する新幹線などはその象徴でしょう。乗ることがなくても、新聞の写真とか、映画とか、絵本とか、くりかえし見るようになります。離れた土地が短時間でむすばれるのは至上の価値だというメッセージがこめられています。高速道路が作られ、物流もまたさかんになります。やがてテレビという強烈なメディアが各家庭に入ってきます。離れていた土地のできごとが、すこしでも早く伝達されるのもまた至上の価値なのです。情報革命という人もいます。新聞、テレビ、映画、雑誌などが「第二の学校」として、社会人になった人たちに、新しい知識を植えつづけました。

天龍寺
新宿南口を出て四谷のほうへ向かうと、右手すぐの寺で、四谷天龍寺と呼ばれた。府内から四谷の大木戸

経済の発展は都市化をうながします。集中することで利潤が生まれるからです。「一国」が成長するためには、都市への人口の集中が必要でした。街へ行けば仕事がある。そんな時代が到来します。北海道から、沖縄から、全国から若い労働力が上京してきます。労働人口が大移動していたのです。職種さえ問わなければ、都会には部落の人にも仕事がありました。解放令でうたわれた「移住・転職の自由」をここにきてやっと手にしたといえます。部落の人は、都市の部落の人をつてにしてやってくるのです。

東京は空襲でいちど、おおきく変貌し、高度経済成長でもって、もういちど変わりました。戦前にあった部落もスラムも、そのかたちを変えてしまいます。部落だった土地は、駅前で便利がいいにもかかわらず安価だといわれた時期もありましたが、すぐに混住がすすみ、ビルや工場ができています。東京の新宿駅の南口の劇的な変化が都市化のすごさをおしえてくれます。三、四十年まえは、暗くていかがわしい土地でした。屋台の飲み屋がぽつんぽつんとあるような土地でした。それがいまでは、貨物の引込み線のあったところに、高島屋タイムズスクエアという巨大なデパートができ、その南側にあったスラムを解体してしまいます。天龍寺門前は江戸のころからの貧民の集合地でしたが、もはやわずかな片鱗しか見つからない。

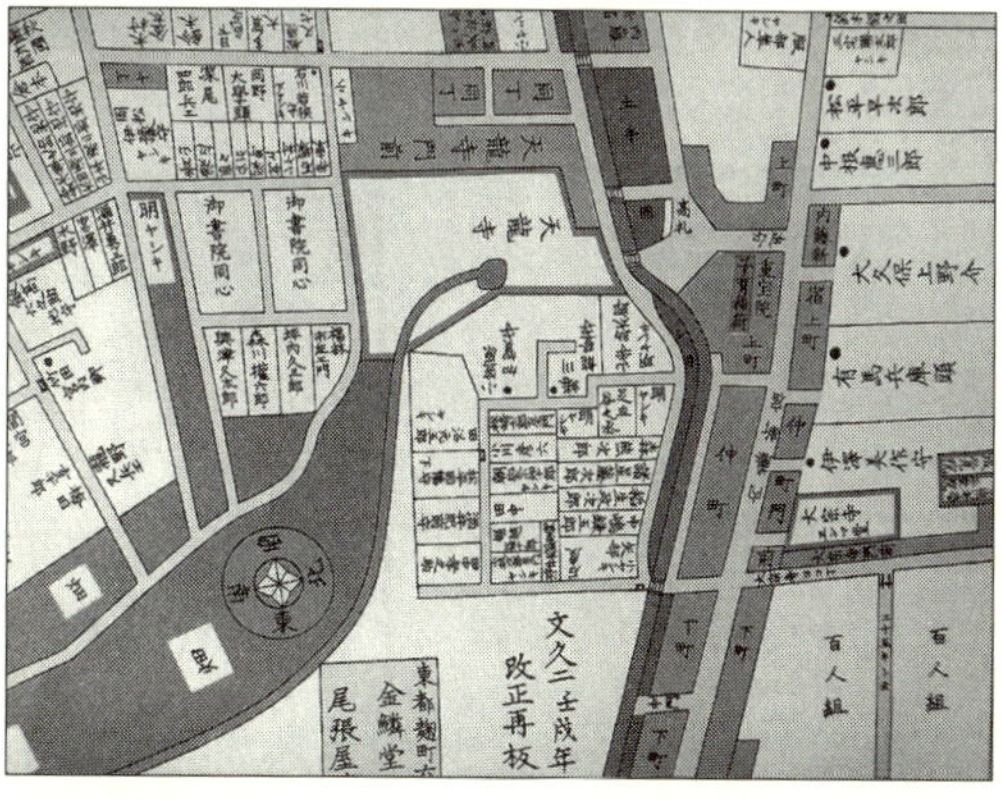

を外へ出ると内藤新宿で、その外に位置して甲州街道に面している。実際にはここが府内との境になった。宿場の雑用などの仕事にありつけたので、近隣からこじきが集まってきた。維新後も戦後も、スラムとして有名だった。

わたしは『貧民の帝都』という本で、戦前までの東京四大スラムについて書きましたが、それを読んで、初めてここがスラムでしたかという人がおおかった。そして、いまそこへ住んでいても、なんの違和も感じてない。わたしのスラムの話は歴史として興味をいだいて読んでもらえたわけです。被差別部落も、しだいに部落ではなくなり、風通しのよいエリアになり、街のなかに埋もれています。むかしここは部落でした、という解説がつくようになります。

地方の部落の青年は都市の部落の住民のつてをたどってやってきましたが、いまは住みたい街のアパートやマンション、戸建《こだて》の家にいます。ひところ、不動産屋がうるさくチェックした時期がありました。無職のわたしもハネられたことがありますが、空室だらけのいまでは、なにもいわない。外国人、とくにアジア人やアラブ人が差別されているのかも知れませんが、すこしずつなれていくでしょう。外国人の入居はめんどうだといやがるのが当然だった時代から、そんなことはいとわないという風潮になってくるでしょう。

これら、さらなる近代化は、家の崩壊、共同体の解体をもたらしました。盆と正月の「帰省ラッシュ」はいまもつづいていますが、「親に孫を見せる」ぐらいが、その目的で、かつてのように「本家《ほんけ》」から監視を受けることなどなくなりつつあり

貧民の帝都（文春新書）

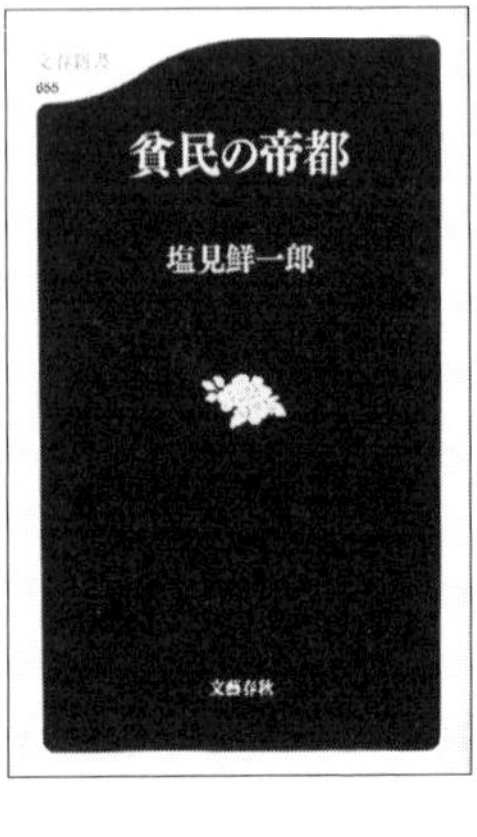

ます。

まだ仲人役《なこうどやく》の人はいるでしょうが、それがいつのまにか会社の上司が臨時に引き受ける場合がおおくなっているのではないでしょうか。むかしのような、家の釣り合いとか、部落民を排除するような機能はなくなっています。結婚はやっと「両性の合意」において実行されるようになりました。そのとき、学歴の問題とか、経済力とか、美醜とかが問題になりますが、それは競争社会のランキングに属することで、差別の話ではなかったですね（→Q11）。

高度経済成長による共同体の解体は、部落の解体の始まりでもありました。部落の若者はこの時期、どんどんと外へ出て行きました。仕事もあり、住居も確保でき、部落外の人との結婚も容易になります。また、経済的に成功する人も多々います。出自をかくさない芸人があらわれ、その実家にファンが訪れることさえあります。このなしくずし的な解体を押し留めようとしたのが日本を代表する大企業であったのは残念です。日本の新支配層になった者たちの部落への無関心と無知がもたらした悲劇でもあります。おおいなるミステークでありました。あるいは、はかない抵抗でしたか。「部落地名総鑑《ぶらくちめいそうかん》」のことをいっているのです。

Q8 地名総鑑と差別語問題は最後のテーマでしたか？

高度経済成長は部落の変質をもたらしました。それを押しと留めようとする大企業や銀行と衝突します。差別語規制の是非はマスコミの姿勢を変えました。

部落民のしるしは、出身地の地名にありました。高度成長期以降、青年たちを中心にした移動が始まります。これを部落の解消と見ないで、部落問題の拡散と考えた人たちがいました。かれらが必要としたのが、「部落地名総鑑《ぶらくちめいそうかん》」でした。全国の被差別部落の名前・所在地などをリストにしたものです。興信所や探偵社が密かに出版し、大企業や個人などに「極秘資料」として売りつけました。一九七五年に発覚し、部落解放同盟は糾弾闘争をくりひろげます。

この問題の根っこには、隠すのか顕《あらわ》すのかの問いがあります。親はどこに住んでいるのか、どの町で生まれたのか、いまどこに居をかまえているのか。これらのことが、差別の根拠にされました。解放令以降、政府がもう平民だといったので、自然と出身を隠すようになります。そのほうがまた、生きやすいからです。その結果、隠していたのがバレたときの悲喜劇が、明治や大正の小説にえがかれています。

部落民が隠すのは、「差別する社会」だからです。社会のほうが悪いのです。しかし、隠しつづけていては、なにも解決しないと見抜いた部落の青年たちがいました。もう隠さない。隠しているのはやましいことです。精神を傷つけ、卑屈《ひくつ》な態度におちいります。

「部落であるのを恥じない」と、その青年はいいました。一方、それまでの姿勢のままの者は、「寝た子を起こすな」とあわてます。どうにか平穏に生活しているのに、わざわざ、乱を起こす必要があるのか。なんで寝いてる赤ちゃんを起こして、やかましく泣かれるようなことをするのか。しかし、もう隠さないと決心した青年は、「卑屈なることばと怯懦《きょうだ》なる行為によって、祖先を辱《はずか》しめ、人間を冒瀆《ぼうとく》してはならぬ」と訴えつづけます。部落民であるのをいやがるのは、祖先をもきらうことになるのです。人間としての尊厳を維持するために、もはや隠さない。「エタであることを誇り」にするというのです。

西光万吉《さいこうまんきち》が到達したこの思想的な地点はなかなかのものです。「水平社《すいへいしゃ》宣言」がいまなお語られるのは、たんに美文だからではなく、それまでの常識を百八十度転

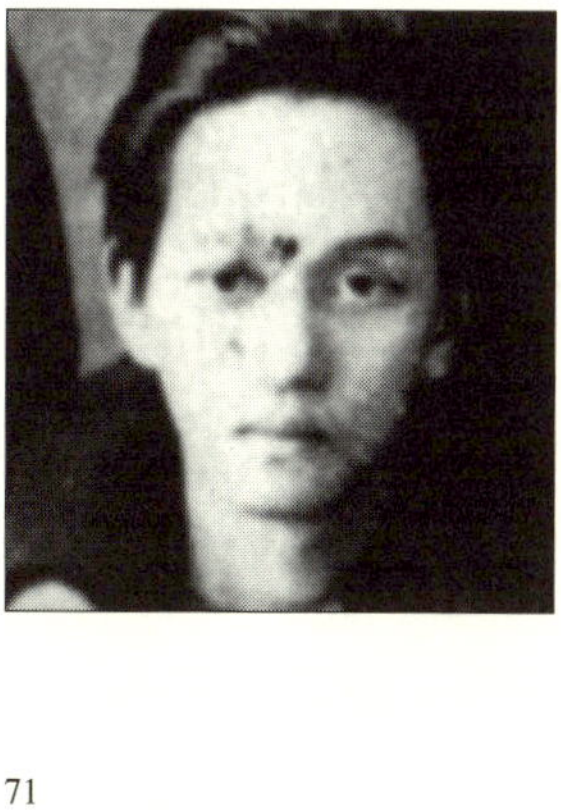
西光万吉

換させた認識にあったのです。そして、ここへ到達するほか、部落解放はないとしたのです。そのことをわかった者は水平社という自主的な運動を開始したのです。設立大会で「エタ万歳」と唱和したのです。

「エタという、口にするのもおぞましい言葉を、水平社の旗じるしにする。そのことに、だれも、ちゅうちょしなかった。この思想的な価値の大転換を、きょうの会衆はよく理解し、おたがいに共有できた。あとは、この思想に、エタでない多くの人が、到達してくれるのを待つだけだ」

わたしは『西光万吉の浪漫』という伝記的な小説の最後を右のような言葉で終えました。

「エタ万歳」という声だけを耳にすると、二十一世紀初頭でも、なんとなく違和があります。あるいは、大正のころよりも、もっと違和を感じているのかも知れません。顕すのがしんどくなった人たちがずるずると後退しているのです。いまから思えば、水平社結成時点で全国の部落の所在地を発表すべきだった。あるいは戦後にリセットしたとき公表すべきでした。正確にはいくつの集落があるのか、それすらもはっきりとしないでいるのはおかしなことだったのです。

解放といいながら、その被差別の場所がどことどこなのか、明示されなかった。

『西光万吉の浪漫』

西光万吉

一八九五年に奈良県南葛城郡（みなみかつらぎぐん）掖上村（わきがみむら）の西光寺（浄土真宗本願寺派）に生まれる。画家をこころざして上京するが、部落差別に会い帰郷。部落民自身による解放のため水平社を結成した。水平社宣言を書き、桂冠旗（けいかんき）をデザインした。一九七〇年没。

でも、西光たちは隠すつもりはなかった。かれらにとって、部落がどこかは自明のことでした。だれにも知られているから差別されるのです。いまでも、近隣の人はどこの地区が部落か知っています。それは隠せないものだったので、地名をあらためていう必要がなかった。

隠せるようになったのは、部落差別が全国区になったためだし、都市化が急速にすすんだからです。差別されるとわかっていて、どうしてわざわざ言う必要があるのか。ずるずると後退するわけです。ふたたび、部落であるのを恥ずかしがるようになります。先祖を冒瀆するようになります。

なんどもいいますが、隠したのは、社会の差別意識がつよいからです。差別する人と差別される人とが関係性のうちにあるのなら、差別する側がわるいのです。責任を負わなければならない。でも、差別の関係を打破するためには、捨て身の思想が必要だったのです。このとき青年は、寝た子を起こすほか仕方がなかったのです。

どこが部落か。それが隠せるようになって、隠しているほうが楽だから、隠していた。隠すように仕向けられた地方もあるでしょうが、隠した。隠れてしまったので差別する側は地名総鑑を作った。高額で購入して、こそこそと回しあったのです。そのリストをもとにして、就職と結婚差別に利用していたのです。

糾弾をうけた企業は反省し、同和の勉強会をもちます。前世紀の終わりごろ、わたしにまで、企業、銀行、学校、仏教団体、行政の機関から講演の依頼がありました。わたしが運動体に所属してないから、というのも理由にあったのかもしれません。あるいは、教条的な語り方をしなかったからかもしれません。あるいは、「差別のない明るい社会」などという空疎《くうそ》な言葉を口にしなかったからかもしれません。

地名の問題と平行して、差別語の問題がありました。地方区だった部落差別が、全国区の差別になるにつれ、マスコミを始めとする表現物に記された「差別する意識」が抗議の対象になります。「芸能界は部落だ」「部落のような大学」などのように、メタファーとして使用されるケースが批判されます。つづいて、障害者にむけられた蔑視の言葉、職業差別、人種差別、女性差別などの言葉がチェックされます。ベクトルは逆なのですが、地名の場合の同様に、リストが作られます。大手企業や新聞社は独自の差別語リストをつくって社員教育に使用しました。大手のマスメディアは社内に差別表現をチェックする部署をもうけました。

筒井康隆《つついやすたか》が断筆宣言をし、その問題を「朝日新聞」を中心とするマスメディア

メタファー
隠喩（いんゆ）のこと。「なにになのようだ」と喩（たと）えて表現する。芸能界を説明するために部落に喩える。普通の隠喩の場合は問題はないが、右の場合は部落が否定的に使用されている。「女のような男」といえば、男もマイナスのイメージだが、女性もまた差別的に使われている。

が大々的にとりあげたのもこのころです。教科書に採用された筒井の作品に、「てんかん差別」があるという指摘から始まり、業《ごう》を煮やした作家が断筆を宣言したのです。その論旨は、作家は炭鉱のカナリアなのだから、言論の自由がじゅうぶんに保障されなければならないというのでした。同類の作家が同調して、「人権をたいせつにする人たちが、作家の人権を踏みにじった」などといいました。

社会規範のうちの、「人権の擁護」と「表現の自由」とがぶつかりあったわけです。世間ではわたしを「人権派」とみなしているようです。だから、筒井と対立する構図になったと思われていますが、わたしは、そもそもは「表現の自由」という言葉がうそだという主張でした。自由に書いていると錯覚しているだけで、ほんとうは、社会の規範の網の目のなかのほそい道を進んでいるのです。なぜなら、そうしないと、読者に理解してもらえないからです。たえず、ここまでは書いてもいいか、こんなことをいうと受け入れてもらえないだろう。そんなことを考えながら、すこしだけ挑発的になったり、難解になったり、常識的になったりするのです。

わたしは「表現の自由」を軸にして「規制の問題」を考えたくなかっただけです。わたしは規制擁護派にまわりました。それで、『作家と差別語』という本を書いたのです。筒井から「どんな作品書いたのか誰も知らないような塩見鮮一郎なん

てんかん差別

筒井康隆の短編『無人警察』という近未来小説に、「てんかん」の者が警察の見張りの対象にされていたので、日本てんかん協会からクレームがついた。この協会は当時、全国で七〇〇〇人ほどの会員を有していて、てんかんについての正しい認識をもとめている。

て作家」といわれました。

さらに筒井は、解放同盟やてんかん協会が「よし」としてることにまで反対して、自社の自主規制を正当化しようとして、被差別団体以上の激しさで糾弾してくるといいました。わたしは「自社」という会社を経営していませんし、解放同盟やてんかん協会がなんといおうと、思うところを述べたいだけです。てんかん協会と筒井の解決の仕方を、すぐに「ねじれ合意」として批判しています。要は、筒井のように権威主義的に解決したくないだけです。解放同盟がいいといったらいいのですか。

ごくみじかく、わたしの意見を述べれば、「差別語の問題は、これまで常態化していた差別表現に光をあたえる作用がある」ということです。漱石の『坊ちゃん』から引用するのは、わかりやすいからですが、「田舎者はしみったれだから五円もやれば驚いて眼を廻すに極まっている」という文など、みんな笑って読みすごしていたのです。でも、いちど、このように引用すれば、なにもコメントをつけなくても、ここには田舎者への差別意識があるのが、だれにでもわかります。

ほかに筒井康隆に反対した理由は、かれの主張に、「表現について外部から口出しするな」という意向が見え隠れしていたからです。かれを支援する作家や知識人

筒井の批判

文芸春秋の雑誌「マルコポーロ」（一九九四年十一月十七日号）に掲載された。同誌が手元に見つからないので、『筒井康隆スピーキング』（出帆新社、一九九六年）から引用する。

「どんな作品を書いたか誰も知らないような塩見鮮一郎なんて作家ひっぱり出してきて（「朝日新聞」紙上で）コメントさせてるけど、この人がまた往復書簡ろくに読まないでコメントしてる。解放同盟やてんかん協会が「よし」としていることにまで反対して、自社の自主規制を正当化しようとして、被差別団体以上の激しさでぼくを糾弾してくる。こいつらニセ同和か（笑）。こんな者、野ばなしにしておいて本当に大丈夫なのかね、朝日は（笑）」

わたしの『作家と差別語』（明石

の口吻《こうふん》に、なにが差別かの決定は自分たちで判断するというのがあったからです。なにが差別か、どれが差別語であるかの選択を、わたしは作家や学識経験者やマスコミや人権派先生や記者にゆだねたくなかった。それではこれまでとなにも変わらない。まず判断するのは、差別された当事者でしょう。部落やてんかん患者や田舎者など、いわれた当事者が不快になるような文章はやめようといったのです。

ある言葉が差別語として発見され、認識されれば、それでいいので、その語は以後、使用するのになんの障害もないのです。たとえば、「新平民」とか「特殊部落」という部落を指示する呼称についても、それらの言葉の成立の歴史と、しだいに差別感情が塗りこめられてくる過程を理解さえすれば、それらの言葉を必要に応じて使っていいというものでした。

書店）は、河出文庫『差別語とはなにか』に再録してある。あえてひと言いえば、「こんな者、野ばなしにしておいて本当に大丈夫なのかね」という筒井の視点（感性）が、「てんかん差別」につながっている。

Q9 二十一世紀の部落問題はどうなりますか？

差別事象はつづくでしょうが、被差別部落をテーマにした差別は消滅します。部落差別の解消は、他の差別の解消に多くの教訓を残しています。

前世紀の後半にくりひろげられた地名総鑑と差別語規制は、部落問題の最後のクライマックスであったと思います。大手企業やマスコミをまきこんだこともあって、差別についての関心が一気にたかまりました。その結果、部落差別はしてはいけないことが周知されたのです。だれかが、部落差別終結宣言をしてもいいのですが、してもしなくても、社会問題としての部落差別は急速にすくなくなりました。

もちろん、落書きや不公平な扱いはつづくでしょう。ＮＨＫもまだしばらく部落の話を取りあげたがらないでしょう。しかし、差別的な言辞や行いについては、第三者がやめるよう注意する時代に入ったのです。悪質な場合は行政に訴えればいい、落書きは消せばいいのです。

明治の始め、解放令が出たころ、まだ新聞などには、泥棒はどこそこの新平民だとか穢多《えた》だとかと書いて平気でした。しだいに露骨な蔑視は影をひそめますが、どっちつかずの態度も残っていました。それが、映画もテレビも、コミックも女性雑誌も、あらゆる媒体から差別的な表現をしめだすようになった。差別する視線と、それを阻止する言動とのたたかいのち、差別をゆるさない考えが主流になったのです。明治に登山を開始した「部落」のテーマは、百数十年の後《のち》には、九合目、いや、もう山頂が見える地点に到達したのです。本書の旧版のタイトルに、編集部が『部落差別はなくなったか』という問いかけを持ってきたのは、もうそのように思う人がいることを逆にしめしています。

　部落を取り巻く環境は劇的に変化したのです。にもかかわらず、戦前とか戦後すぐの部落のイメージを惰性的に引きずっていたなら、社会への対応をまちがうだろうといいたいのです。まだ心理的な負荷《ふか》が残る人もいるでしょうが、女性や貧者や障害者がいだく負荷と変わらない。いや、それを負荷にしないために、西光万吉は「部落であるのを恥じない」と強調したのでした。

　さて、ここからすこし、むつかしいことをいわなければなりません。本書を書く気になった重要な点でもあります。地名総鑑と差別語規制のおおきなうねりは右のような成果をもたらしてくれましたが、それは後退への門もまた開けてしまいま

各年の同和地区・同和関係人口調査数

調査年	同和地区	同和関係人口
1921	4,853	829,773
1935	5,361	999,687
1958	4,113	1,220,157
1963	4,160	1,113,043
1967	3,545	1,068,302
1971	3,972	1,048,566
1975	4,374	1,119,278
1987	4,603	1,166,733
1993	4,442	892,751

注：一九二一年は内務省調査。一九三五年は中央融和事業協会調査。戦後は総理府・総務庁（一九八七年、一九九三年より）調査。

した。

地名総鑑は部落の所在地のリストです。

その冊子に書かれた地名の正確さがどれほどのレベルなのか、わたしは知りません。本を見たことがないし、見せてもらっても判断のしようがない。つまり、それほどまでに全国六千といわれた部落について、ほんのわずかしか知らないのです。過疎になる部落があって、この数はどんどん減りつづけているとは聞きますが、だれも記録を取ってないようです。よく知らないまま、わたしは部落についてのあれこれを書いてきたわけです。

もうすこし、ゆっくりと考えましょう。これまでの復習ですが、近代化がすすみ、都市への移住がつよまると、部落問題を左右するのが「全国区」の意識になります。日本の文化の質が関係してきます。Q８で述べたように、部落民の拡散をいやがる経済界が「地名リスト」を購入し、それを知った部落民が抗議して廃棄処分にしました。この時点で、地名を隠すのが大義名分になったことを、わたしは注視しています。なんという不幸かとも思います。地名総鑑という本は、なんら悪いものではない。それを利用した企業が悪いのです。企業の社長や人事課長が、それまでの悪意を反省すればすむことなのです。でも、現実のせめぎあいのなかではそう

地域ブロック別の同和地区・同和関係人口など（一九八七年。総務庁調査）

	地区数		人数		1地区平均世帯数
	実数	%	実数	%	
関東	630	13.7	107,273	9.2	37.1
中部	346	12.0	52,860	8.2	47.2
近畿	926	17.4	537,425	42.4	178.8
中国	1,063	23.1	151,260	13.0	39.8
四国	680	14.8	131,226	11.2	58.9
九州	876	19.0	186,671	16.0	60.7
合計	4,603	100.0	1,116,733	100.0	71.3

はいかなかった。企業家は反省しましたが、本もまた焚書《ふんしょ》になりました。

いつのまにか隠すのが普通になったのです。隠すことが正義のように思う錯誤が生まれました。

「なぜ隠すのか」と問うと、「地名をもとに差別する人が出てきて、そこの部落民が差別されるかもしれない」というこたえが返ってきます。「運動体が在る部落ならまだ対処できるが、そういう部落ばかりではない」とつづけます。この論理は、半世紀ほどまえから使用されています。そのころといまでは、社会の環境はまるでちがっています。どう変化したかを縷々《るる》と説明してきましたのでわかってもらえると思いますが、にもかかわらず、そのころの論理で地名を隠すいいわけにしています。こういうのを教条的というのです。

もうひとつ、不思議な経験をつけくわえましょう。二〇一一年の正月の前後でしたが、仕事の必要から、神戸の部落はいまどうなっているのだろうかと思いました。わざわざ行くほどの必要はなかった。数行の文章をつくるための補助的な対応でした。それで、ストリートビューでずっと見て行きました。突然画面がまっ黒になるのです。しばらく行くと、普通の街の写真になります。こちらが指示すれば画面はうごくのですから、あれも動画といえるのでしょう。塗りつぶされた場所が部

地域ブロック別の同和地区・同和関係人口など
（一九九三年年。総務庁調査）

	地区数		人数		1地区平均世帯数
	実数	%	実数	%	
関東	572	12.9	82,636	9.3	37.6
中部	329	7.4	39,550	4.4	37.4
近畿	984	22.1	408,823	45.8	142.1
中国	1,052	23.7	115,565	12.9	36.3
四国	670	15.1	105,612	11.8	58.5
九州	835	18.8	140,565	15.8	56.6
合計	4,442	100.0	892,751	100.0	67.2

落なら、なにを教えてくれているのでしょう。ここが部落だ。部落だから、見てはいけないということでしょうか。そこに住む人は、住んでいることを恥じていて、それでグーグルに消すように頼んだのでしょうか。それにしても、ここに住む少年少女はなんと思うでしょうか。住処《すみか》を隠すことを学ぶばかりか、生涯、消えないトラウマを背負いはしないでしょうか。二年ほどまえのことですが、いまだに信じかねています。

差別語もまた地名同様にリストアップされます。そのような本が複数、出版され、こちらは容易に手にいれることができました。使用すると差別になる言葉の羅列です。そして、リストに載った言葉はメディアから隠されました。そのとき、地名総鑑と差別語規制の構造がかさなります。隠すほうへ、じりじりと後退していきます。両者がおなじ顔になるのは、それが、いまの市民社会から出てきたものですから不思議はないのですが。

ある言葉が対象を激しく傷つけることはよくあります。傷つけたいから、そういう言葉を作りだしてきたともいえます。問題は、これらの蔑視語《べっしご》が意識して使用されるか、無意識で使用されるかです。差別語を禁止にしようというのは、この無意識の使用をやめようということです。たとえばネットに、「民主党内閣のだれとだれが在日だ」というのがあります。在日朝鮮人はまだ議員になれませんから、まったくのでたらめですが、このとき差別されたのは、議員ではなくて「在日」だということです。そのことを理解する必要があります。この場合の在日は負のメタファーとして使用されているのです。

差別語リストを作成するのは悪いことではないのですが、それが固定されてしまうのをおそれています。なにが差別されるかは時々刻々と変化しています。それをリストに照合して守っているかどうかを監視するのはこまります。前世紀の終わりごろの状態はそうでした。大企業では差別語を使用して企業イメージをそこないたくない。会社内に監視のセクションを置いたところもあります。こういう部署をいちど作ると、そこのメンバーは仕事をしていることを証明するため、必要もないことに口出ししてきます。わたしの原稿など、差別語リストに載っている言葉が出てきますから、出版社内の人権擁護担当社員のチェックを二度も受けました。かれらが「よし」といって、初めて活字になります。

なにが差別語か、その判定は原則として被差別の当事者にまかせるべきだと考えています。企業内の人権エキスパートや作家や行政とか大学関係者とか新聞記者とか、そういう人にきめさせてはならない。その人たちに権力をあたえるようなも

のです。ただ、当事者といっても、だれをもって当事者とするかはむつかしい場合もあります。具体的なAとBが争い、差別的な結果になったというときは、ふたりを呼んで話を聞けばいいのですが。

部落の問題にもどりますか。

水平社ができたとき、すでに融和の組織がありました。一方は部落民の生活改善をいい、他方は闘おうという。主張は正反対に見えます。どちらの声が部落民大衆の気持ちを代表しているのですか。どちらの声も大衆の気持ちを反映しているのですか、どちらの声も大衆から乖離《かいり》していることだってあります。個々の部落民の声が大事だとしても、どのようにして集約できるのでしょう。戦後にリセットされた解放運動でも、いくつかの団体があったのです。それぞれの組織の構成員は、部落民の選挙でえらばれたわけでもない。部落民も市民も、かれらを代表に選んだわけではないし、「正義を仮託《かたく》」したわけでもありません。勝手に部落代表を名乗ってきたのです。

たとえば部落解放同盟の場合、戦後すぐは日本共産党にきわめてちかいスタンスの政治組織の様相を呈しています。やがてスターリンによる社会主義の抑圧体制がひろく知られると、同盟は文学者の組織の新日本文学会とともに、共産党から完全に離脱しました。

余談ですが、わたしはこの後者の文学会に入っていました。一九六〇年代のはじめ、ここの会合に出席するようにさそわれました。若い者の意見も聞いてみようということだったのでしょう。おどろいたのは、中野重治を中央にして、序列がつけられていたことです。中央委員会とか、書記長とか、そういう名前をつけたがる時代でしたから、きびしく指弾《しだん》するわけにもいかないでしょうが、やがてパリでのカルチュラタン、アメリカの公民権運動、日本の全共闘などがやってくる時代なのに、席が決まっているような会をやっていたのです。その新日本文学会は二〇〇五年に解散します。おそきに失したと思いますが、愛着をよせる人もいて、わいわいがやがや、解散するまでたいへんだったようです。それでも自力で解散できたのに、わたしは拍手を送ります。

話を本論にもどせば、地名総鑑と差別語規制は、皮肉にも、地名と言葉を隠すことをよしとしてしまいました。そのような転倒が起きた理由は差別する力がつよかったからですが、問題が去ったあとも、その意識にずっと引きずられてきたのは不幸なことでした。もはやコミックやドラマや小説や新聞記事に差別語も差別的な表現もない。だれがみても、無難な表現になっています。もしたまに差別的な表現

新日本文学会

プロレタリア文学系の作家が、戦後に結成した文学者の団体。蔵原惟人（くらはらこれひと）、中野重治、宮本百合子らが中心になって一九四五年十二月に創立大会、やがて共産党系の宮本顕治らと対立し、自主路線に転じた。二〇〇五年に解散。

中野重治

作家、詩人。一九〇二年に生まれ、プロレタリア文学の推進に力をつくした。共産党員。「新日本文学会」の結成に関係する。戦後文学の理論家のひとりで、『甲乙丙丁』などの長編や詩集がある。一九七九年没。

が出てくれば、まわりにいる人がすぐに気がつき、お詫びの言葉を述べています。テロップが流れ、文庫本の最後のページに、本文には差別語がありますが、発表時の雰囲気を残すためにそのままにしましたと釈明しています。前世紀のテーマだった女性、部落、在日、障害についての差別語はもはや消滅したとしてもいいでしょう。

そしていま、Q2に記しましたが、放射能についての差別的な言葉がフクシマの少年少女にあびせかけられたのです。冷静な対応がとられて、いまは沈静化していますが、結婚差別などが起こらないとはかぎりません。市民社会は差別をはらむ構造になっているからです。「平等」と「競争社会」のあいだの軋轢《あつれき》から、まだわたしたちが知らない差別がやがて発見されるのです。テーマは代わっても、近代社会がつづくかぎり、差別は絶えず発生し、当事者が告発の声をあげるのです。

Q10 いじめは差別ですか？

いじめは差別の一種とみていいのでしょうか。マスコミは、そのときどきに騒ぎますが、この問題は昔からずっと続いてきたように思えるのですが。

いじめを差別の一種だと見ていいのでしょうか。現象的には差別行為に似ています。実際、在日の子が集中してねらわれれば、差別でしょう。しかし、そうでない面もあるように思えます。すこしだけ考えてみましょう。

二〇一一年（平成二十三年）十月十一日、大津市立皇子山《おうじやま》中学校の二年生（当時十三歳）が、自宅マンションから飛び降りて自殺しました。学校側がおこなったアンケートに十五人の生徒が、「被害生徒は自殺の練習をさせられていた」と回答しました。また、「ヘッドロックをかけられた」「死んだスズメを口に入れろといわれていた」「毎日のようにズボンをずらされた」などのいじめがあったといいます。担任教師は目撃しても、軽い注意をするにとどまったようです。

いちどは沈静化しましたが、二〇一二年七月九日に学校へ爆破予告がありました。翌日を休校にしたので、ふたたびジャーナルな問題になりました。生徒の両親は、「学校でのいじめ」が自殺の原因だとして、大津市と加害生徒三人、保護者などを相手取り、損害賠償を求めて地裁に提訴します。第一回口頭弁論《こうとうべんろん》で、市側は「いじめはあった」としながらも、「いじめが自殺の原因とは断定できない」と主張しました。

記者会見などでも、学校側や教育委員会は責任のがれの言葉をくりかえします。いじめが原因でなかったら、どうして飛び降りたりしますか。死んだ生徒の家にも問題があったなどという流言が飛びかいます。そうした一般社会のいいかげんさに反発したのでしょうか、「犯人捜し」が2ちゃんねるなどで始まり、三人の加害生徒の名や写真がネット上で暴露《ばくろ》されます。かれらはすでに転校していますが、そのうちの一人はPTA会長の息子だったとの指摘もあります。滋賀県警では世論に押されるように、同級生三人の暴行を裏付けるため、中学校と市教委を捜索、事態は異例の展開を見せています。二〇一二年八月にはリンチ（私的制裁）のつもりですか、さいたまの大学生が大津の教育長を襲撃して負傷させました。

これらのニュースに接しているうちに、もう三十年以上むかし、埼玉県上福岡《かみふくおか》市《し》で起きた、林賢一《けんいち》くんの自殺を思い出しました。林くんが自宅から十分ほどの高

2012年（平成24年）7月10日（火曜日）

自殺生徒の中学に爆破予告

大津 脅迫状 きょう休校に

大津市立中学2年の男子生徒（当時13歳）がいじめを苦に自殺したとされる問題で、生徒が通っていた中学校に9日、「爆破する」などと記された脅迫状が送り付けられ、同校が大津署に届けた。同署は業務妨害事件として捜査している。

同署によると、中学校は10日、臨時休校する方針だという。今回の問題を巡っては、今月5日にも市教委に「爆弾を仕掛けた」との内容の電話があった。

薬物更生 通所者に覚醒剤

譲渡容疑 元参加者の男逮捕

薬物依存者の社会復帰を支援するNPO法人「埼玉ダルク」（さいたま市浦和区）の通所者に覚醒剤を売 … 所していた男が、覚醒剤取締法違反（譲渡）の疑いで埼玉県警に逮捕されていたことが9日、捜査関係者への …

… 述などから、男が施設内で知り合った通所者に譲渡を持ちかけたとみている。覚醒剤の売買相手探しに、更生施設が悪用された形だ。

捜査関係者によると、逮捕されたのは、さいたま市 …

赤ちゃんパン

一時ママの元

… に母親のシンシン（7歳）の元に戻すことに成功したと発表した。

同園によると、同日午前9時頃、赤ちゃんをシンシンに抱かせると、午後になってもしっかりと抱え続け、授乳も確認された。シンシンが夜間に抱くのをやめる恐れもあるため、午後3時半にシンシンから引き離し、再び保育器に移した。

同園は「出産による空腹や疲れ …

爆破予告の新聞の写真

層マンションの十階のあたりから飛び降りたのは、一九七九年（昭和五十四年）の九月九日、日曜日でした。かれの場合は遺書があって、そこへいじめた子として、H、U、Wの名があげられていました。夏休み前に死を決意したとき書いたものですが、親の目に留まりました。「いじめられて学校に行くのがいやになって生きているのもいやになりました。ぼくは自殺します。さようならみなさん」とありました。両親はおどろいて学校に連絡しますが、担任の女性教師は、「警察への連絡は、ちょっとまってください」といっている。このときは、林くんは家にもどってきますので、それですみましたが、学校側の隠蔽体質が浮かびあがっています。

自殺未遂を知ったいじめっ子たちは、反省するどころか、「自殺野郎」などとののしり、さらに暴力をエスカレートさせていきます。「死ね、おまえなんか死んでしまえ」と、なぐる蹴るの暴行をつづけたのです。死よりもいじめっ子のほうがこわかったのでしょう、林くんは再度、自殺をこころみました。このニュースが全国に流れると、あちこちで、いじめが横行しているのが判明します。

林くんの両親は学校と教育委員会に「自殺に至る原因」を究明するように求めます。長文の「調査報告書」が作成されましたが、いじめと自殺の関連を不明とし、学校と教師の責任を問わないものでした。担任の教師が事件三日目の水曜日に入院、

H、U、W　実名で記されていたが、ここではイニシアルにした。

おかしなことに、校長も教頭もつづいて心労を理由に入院しました。

似ているでしょう。三十年という時間があいだにはさまっているのが見えないほど、今回の大津の事件と経緯がそっくりです。ちがうところは、林賢治くんの場合は在日朝鮮人であるということです。被害者の側の情報がたくさんあることです。林くんのほうは、いま記している名前や、身長が一メートル四十二センチと小柄なことや、父は三、四人の従業員をつかってビルの清掃業をしていることまでわかっています。かなりきちんとしたかたちで活字になってだれでも読めましたが、今回の大津のほうは、被害者は隠されてしまいます。弁護士を通じて父親の言葉が伝わってくる程度です。ネットでも加害者の身辺はあばきますが、被害者のほうはほとんどわからない。双子の姉がいて、いじめを知って心配していたぐらいですか。

林くんのいじめには、身長もありますが、「林屋こじき商店」と、親の職業もいやしめています。いじめられる「しるし」がはっきりとしているともいえます。民族差別や職業差別があったと見られます。大津の場合はどうなのでしょう。ターゲットにえらばれる固有の条件があったのでしょうか、わたしには調べようがないので、判断を留保するしかありません。ただし、加害・被害の両者とも、在日でも同和でもないと指摘されています。

いじめられっ子についてはわかりませんが、今回のケースは、だれがスケープゴートにされてもおかしくなかったのかもしれません。状況が変化すれば、ほかの人がいじめられていたのかもしれない。いじめの対象がクラスの中での「弱者」にすぎないのなら、事件を単純に「差別」という範疇《はんちゅう》でくくらないほうがいいのかもしれません。

林くんの事件から四年後の一九八三年（昭和五十八年）に、いじめの問題はまたしてもマスコミで話題になり、ひとつのピークをむかえました。ほんとうは毎年、それほど変わらない事例があったのでしょうが、メディアが取りあげると、さも緊急の問題のように見えます。子を持つ父兄が関心を寄せるので、ニュースの価値はあるわけです。さまざまな意見が述べられました。さわぎのおおきさは、今回の大津とおなじか、それ以上でした。当時のマスコミも、今回とおなじ傾向の記事を書いていています。「おとな目線」で生き方や命の尊さを説いたものが中心でした。本質をついた意見などありませんから、ずっといじめは常態化していたわけです。

いじめられた体験、いじめた側の話を、成人になったかれらから、わたしはずっと聞いてきました。しゃべっていると、顔が赤くなるのは、いまも頭にきているからでしょう。いじめたやつらに向けられる憤懣《ふんまん》、いじめをやってしまった状況へ

林くんの事件
　いじめと浮浪者襲撃を題材にした拙著『都市社会と差別』（れんが書房新社、一九八四年）を参照。

の焦燥《しゅうそう》。そして、その場を作った学校への疑問。疑問以上に行かないのは、社会全体、日本文化のなかで、思考をはばむものがあるからです。

わたしは学校制度については、断片的ですが、かなり執拗《しつよう》に発言しています。全体を論じる力はないまま、ぽつぽつとしか語れないのですが、学校こそが近代社会の根幹をささえていると考えているからです。いまの社会に適応できる人間をそこで作っているのです。「ガッコウ」という言葉で、「知の牢獄」を想像したりします。

学校が第一の教育機関なら、マスコミは「第二の学校」だと捉えてきました。そこでも世界の政治や経済の動向を国民に教えています。流行や、歴史や、娯楽についても報道しています。今世紀になってのネットの普及はすさまじく、それを「第三の学校」として位置づけて理解したいと思わせるほどです。林くんのときは、まだ、ネットの情報はありません。教師や行政の対応のいいかげんさに多数の人が気づいていても、その声はもみ消されていました。大津では、学校・教育委員会・警察・行政当局の無能をあざ笑うような論調がネットにあふれかえりました。

そろそろ、結論です。

いじめは学校だけで発生するわけではありません。閉鎖的な集団なら、企業内

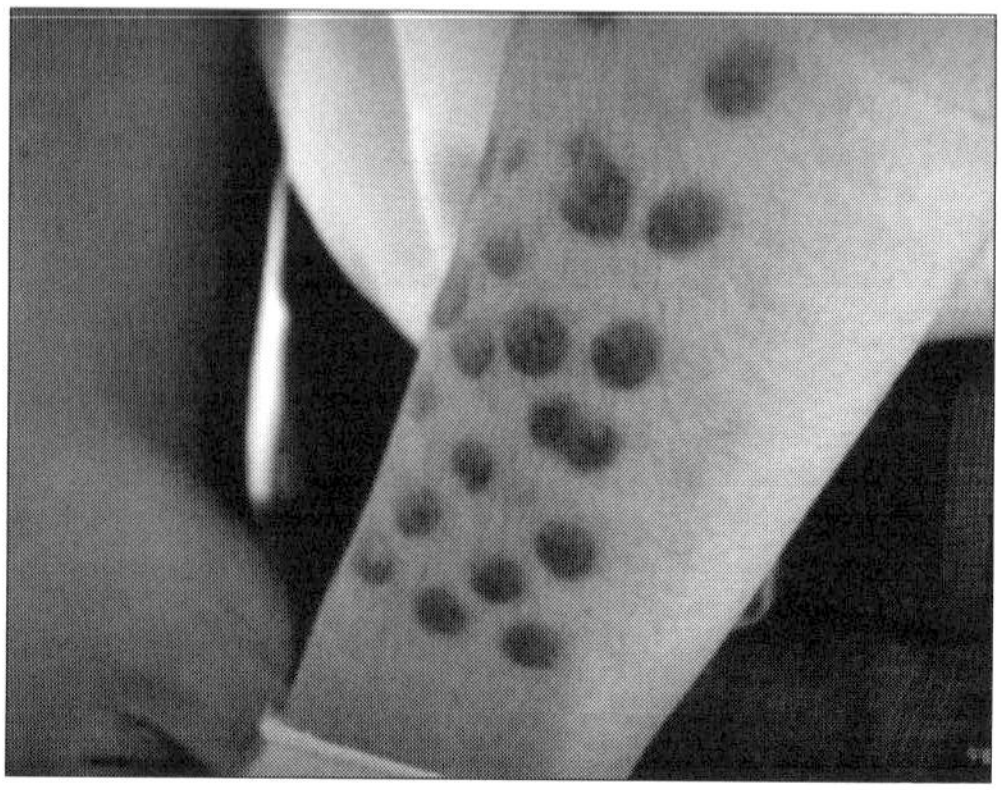

いじめによるやけどの腕

でも官庁でも宗教団体内でもスポーツのチームでもおこります。自衛隊などの場合、自殺にまで行き着くケースもあります。だが、かれらはそこから逃げ出すことができます。心理的な圧迫や暴力的なおどしもあるでしょう。やめたらすぐカネにこまるかもしれません。でも、もうおとななのですから、身を引き剥《は》がして逃亡することが可能です。

学校でのいじめが悲惨なのは、かれらに逃げる力がないことです。いや、かれらが学校から脱出する道をおとながふさいでしまっていることです。担任や教頭や校長、教育委員会、警察、行政はたるんでいるのではなくて、生徒を学校へ閉じ込める役を充分に果たしているのです。さらにいえば、家庭だって、両親だって、子を学校へ追いやるのです。子が学校へも行かずに繁華街をぶらぶらするのをいやがるのです。

わたしは学校がきらいで、学校がすきでした。小学生のころは、もう戦後でしたが、いちばんに登校（出校）したものです。教室には行かないで、運動場でみんながくるのをまっていました。三勲《さんくん》という道徳的な名の小学校でしたが、そこの運動場でわたしは朝焼けの空を見ていたのです。学科は好ききらいがあって、授業はどうでもよかったのですが、同世代の仲間は学校にしかいなかったのです。ずいぶ

登校

登校・下校は、官尊民卑の言葉。

ん古い話を持ち出したなと思われているかもしれませんが、学校の本質は明治の十年代に制度がほぼできあがってから、それほど本質に変化はありません。

敗戦時に軍隊は責任をとらされて解体になりました。しかし、軍とともに双輪《そうりん》のひとつとなって、神国日本をつくりあげた文部省は手づかずだったといっていいでしょう。教育権をとりあげて、教育委員会という鵺《ぬえ》みたいな組織が、占領軍の意向にそって新設されただけです。六・三・三・四制に改変されますが、学校の本質に変化はなかった。

中学までが義務教育で、国民のすべてがそこへ行くことを強要されます。この制度はあまりにうまく定着しましたので、子はランドセルを買ってもらうのをよろこび、親もいそいそと入学式に子を連れて校門をくぐりました。貧しくて学校に行けない子は「かわいそう」というふうに見られたのです。すさまじい強制力が全国民の心にのしかかっていたのです。そこが、かつての国民皆兵《こくみんかいへい》の軍隊とおなじような施設であること、刑務所にも似た日課があるのが見えなくなっているのです。「サクラ咲いたら一年生」と四季の変化にまで溶けこませ、自分は子になにをしようとしているのかという疑いが芽生《めば》えるのをふせぎます。ここにむらがる学校関連産業は、自衛隊にぶらさがる武器商人とおなじほどの存在感があります。

校舎
かつての小学校の木造校舎のスタイルは兵営に似ている。

かくして、まだ柔軟な可能性に満ちあふれた頭脳に、孫悟空《そんごくう》の輪型（緊箍児《きんこじ》という）がはめられます。江戸時代までは親が子の教育を選択できました。寺小屋《てらこや》へ行かせるのか、丁稚《でっち》にするか、寺の小僧にするのか、武家奉公《ぶけほうこう》へ出すか、手もとに置いて親の仕事を見習わせるか。「こども」という概念はまだありませんから、「ちいさいおとな」として成長して行きました。近代とどちらがいいのか、江戸のほうがおもしろいのではないか。そんなことを考えているわけではありません。前近代の教育のありようにくらべてみることで、全国民が一定の年齢になるとおなじ制度におしこめられる異様さをすこしでも感じてもらいたいのです。

明治・大正・昭和前期の学校は、天皇の赤子《せきし》といわれる国民をつくる工場でした。戦後の民主教育は企業に勤めるサラリーマンを製造するのでした。教科書は検定済み、一年を通じてのスケジュールもおなじです。夏休みがあり、試験があり、運動会があります。つめこむ価値観はどこも同一でした。森有礼《ありのり》などの教育官僚は、東京大学を頂点にする学校制度を全国津津浦浦まであまねく普及し、国民の生活にとけこませ、人生のスタートをそこからきらせることに成功しました。みんなが学校へ入っているのです。十数年も学校の管理化に置かれるのです。

すこしまわり道をしましたが、学校でのいじめが、他の組織でのいじめよりも

森有礼

英語を国語にしようとしたほどの欧化主義者。一八八五年、第一次伊藤内閣のもとで初代の文部大臣。翌年「学校令」を発布し、東京大学を帝国大学として頂点に置き、その下に師範学校、中学校、小学校を配置して、教育のヒエラルヒーを完成した。認可制だった教科書を検閲制にした。一八八九年、憲法発布の日の朝、自宅で国粋派テロリストに襲われて死去。

悲惨なのは、このような背景を生徒たちが背負《しょ》っているからです。しかも学校は百五十年以上の歴史のなかで、どのようにすれば子たちを「馴服《じゅんぷく》」できるかという知恵をためてきています。先生にしたがい、礼儀をまもり、決められたものを忘れないで持参し、時間割どおりに自分をうごかすのです。テストの成績をきそわせたり、運動で過剰なエネルギーを発散させたり、宿題を出して帰宅した生徒まで操作します。

巧緻《こうち》に満ちた方法、罠《わな》です。

そのことに疑念を抱いた少年がいたにしても仕方がないのではないでしょうか。体が、心が、反発してしまうのです。なぜなのかわからないまま、窓ガラスを割ったり、器具をこわした。登校を拒否してみます。でもどこへ行きますか。学校には「外部」がないのです。教育関係者だけではなく、社会全体が学校制度を肯定しています。生徒の反発は一時的なモラトリアムと解釈されてしまいます。成長の過程でのゆらぎのようにしか見てくれません。適応できないほうに問題があると思わせるのです。学校はいつも正しくて、生徒はまちがっている。そんなおそろしい日常なのです。

ある中学生がいらいらして、日々おもしろくないと感じます。いつでもそういう少年はいました。学校とはちがう価値観を持とうとすれば、基準からの逸脱《いつだつ》しかありません。あるいは、自分たちだけで別個の小世界をつくってみるぐらいです。数人でひとりの子を執拗に追いまわしている光景をときどき目にしますが、逃げている子も、どこかで納得しています。外の人へ救いをもとめようとはしません。両親にも助けを求めないのです。外の人は学校の管理者とおなじ考えの持ち主だからです。それとも、むつかしくこういいますか。社会全体が「学校化」していることをかれらは知っているので、学校内部に「外部」をつくろうとした、と。追いかけていた子たちも、相手が自殺しているのに、「いじめた覚えがない」と言い張るのはそのためです。

3・11以来、政党や官僚機構、電力会社などが批判されています。社会は変わり目にきていると指摘する人も大勢います。そういう空気のなかで起きた大津のいじめ事件は、学校・警察・行政の無能無策ぶりも露呈《ろてい》しました。ここぞとばかりに言葉のつぶてが投げつけられています。でも、いま気がつかないといけないのは、投げている批評家のおおくが学校関係者か、学校から恩恵を受けている人です。そういう組織とかかわりのある者までが、とくとくと生徒にお説教をしているわけで、そのしたり顔は、ネットの匿名《とくめい》発信者の正義面《せいぎづら》と似てなくはない。

あるニュース番組に出演した東京大学大学院教授は、先生も多忙で目が届かないと述べました。そのことはよくいわれることです。先生も役人も、けっこういそがしい。民間の仕事のきつさを知ってのうえでいってるのかどうかわかりませんが、いそがしいといいます。でも、そのことは、いじめの問題に関して強調することではない。いじめ・いじめられっ子の事件の解説としてはおそまつすぎませんか。その著名な学者は、東京大学が大津のいじめ悲劇となんの関係もないと思っているようでした。

参考レポート

東日本大震災と福島第一原発事故をめぐって

根本信行

二〇一一年三月一一日モーメント・マグニチュード九・〇の巨大地震が発生し、東北地方を中心に甚大な被害をもたらしました。しかし被害はそれだけではありませんでした。東京電力福島第一原子力発電所内では、この地震で、すべての電源を喪失しました。運転中だった一～三号機ではメルトダウンが起こり、格納容器も相次いで破壊され、大量の放射能が舞い上がったのです。また、定期点検中で核燃料が炉心にないはずの四号機においても火災事故が発生し、二十六年前に引き起こされたチェルノブイリ原発事故を上回ると言われる史上最悪の大惨事を生み出してしまったわけです。

大震災と原発事故は「第二の敗戦」と言われるほどの衝撃を現代社会に与えました。たしかに「大震災と原発事故」は「大空襲と広島・長崎」を想起させるに十分すぎるほどの荒涼たる風景を私たちの前に見せつけました。支援に駆け付けた誰しもが、津波で流された大地に立つと「言葉を失う」ほどの衝撃を受けたのではないでしょうか。しかし太平洋戦争と違い、被害をこうむったのは、東北地方と関東の一部に限定されたものでした。

東日本大震災と福島第一原発事故は「日本は一つ」ではなく日本社会の抱えるさまざまな矛盾や問題点をあぶりだしてしまいました。

東日本大震災と原発事故をどう受け止めるべきでしょうか

「東日本大震災と原発事故をどのように受け止めるか」私たち一人一人の生き方の中で、大きな位置を占めていくと思いますし、また占めていかなければいけないのではないかと思います。というのは、大震災を忘れるなということだけではなく、これからの日常生活の中で、思想的にも実践的にもこれらの課題とどう取り組んでいくのかということも、問われているのではないかと思うからです。

東日本大震災が東北地方を中心に発生し、地震を起因として東京電力福島第一原子力発電所でメルトダウンをともなう深刻な事故が発生したことは、社会的にも歴史的にも極めて象徴的なこととして受け止めていく必要があります。

大震災後「日本は一つ」というフレーズがマスコミから洪水のように流されましたが、私たちの前に現出したのは、大地震に伴う津波による被害と荒涼たる大地の姿でした。

私たちにとって東北というのはどういう存在であるのか、東京電力が福島にあるということ一つとっても、どういう関係性を持っているのか。その中で私たちが何をしなければならないのかということが、はっきりすると思います。東北自身が大都市に対して、戦前戦後を通して、さまざまな人や物の供給源であることで、私たちが生きてきたという事を忘れてはいけないと思っております。

四十年くらい前の話ですが、奄美から来ている私の友人が部落解放運動に参加しました。そのきっかけは、奄美は非常に貧しいけれども餓死はなかった、なぜ奄美以外の日本では餓死があるのか、それが非常に不思議である、そういう問題意識があると彼が話していました。その彼の言葉が今回の震災で甦ってきたのです。やはり今回、震災と津波と原発事故が、昔から飢饉などで苦しんできた東北で起こったのは非常に象徴的ですし、そのことを自らの課題として考えていかなければいけないのではないかと思います。

まず考えなければならないのは「東北（農村）と東京（都市）の関係」という構図です。赤坂憲雄さんは「鎮魂と再生のために―復興構想会議二〇一一・四・三〇発表メモ」や朝日新聞のインタビューに答えて、東北について端的に「植民地的な状況」と表現していました。

質問　震災直後、赤坂さんは「東北はまだ植民地だったのか」と発言しました。どういう意味ですか。

赤坂　戦前、東北は『男は兵隊、女は女郎、百姓は米を貢ぎ物として差し出してきた』と語られていました。いわば、国内の植民地の構図があった。現在はさすがに違うだろうと思っていましたが、震災でいくらか認識を改めました。

食糧もそうですし、電力は典型的です。東京で使う電力を東北が供給している。巨大な迷惑施設と引き換えに巨額の補助金が落ちる。今まで意識してこなかった構造が、震災を契機にはっきりと浮かび上がりました。きわめて植民地的な状況です。中心と周縁、中央と地方という構図が依然として東北を覆い尽くしているのです。

モノづくりの拠点の東北が被災した、大変だ、と言われた。モノづくりの拠点になったのは、企業にとって安価な労働力を入手できる土地だから。村の中では下請けのさらに末端のような仕事を女性たちが行っています。ここには時給数百円の世界があります。

（二〇一一年九月十日付朝日新聞）

また、反原発運動の理論的指導者であった故高木仁三郎さんは、原発について、次のように発言しています。

原発のもつ反人間性、反社会性、犯罪性は、もちろんその危険性にあるだけではない。原発は、生物とは本来的に相容れない放射能を、絶え間なく生産し続けるばかりか、地方自治を侵害し、民主主義を徹底的に破壊する。さらには、下請け、孫請けの労働者を情け容赦なく使い捨て、人心を荒廃させる。また、高木さんは、ウラン鉱山において放射能で汚染されたことによって先住民が肺がんの犠牲になったことが記されています。

今日においても、高木さんの言葉は、「原子力」について一番的確に表しているのではないかと思います。

元原発労働者の話

その方は、ある瀬戸内の被差別部落出身の方で元やくざということでした。前歴からみてあまり働いてないのかと思いましたら、結構働いていまして、年金の相談をうけました。たしか厚生年金はかけた気がするが記憶が曖昧だというので、どういった形で社会保険をかけていたかを調べるために、二人で社会保険事務所に行きました。

彼が言うには、二〇歳まで自衛隊にいて、そのあと工事現場などで働いたそうなのですが、あるときスカウトされて彼は美浜原発に行っていたそうです。七~八年働いていたそうです。ところが、社会保険事務所に行きましたら、前の会社の二年分は厚生年金がかかっていたのですが、原発に行っていた八年は、二カ月分しかかかっていませんでした。彼の記憶によると、保険料はずっと取られていたはずなのですが、実際には、年金に加入していなかったのです。全く酷い話でした。

彼の仕事は原発の水たまりの中に入っていって、手作業で作業していたそうです。あるとき、蜘蛛が水たまりの中に降りてきて水の中に入ったら、途端に死んでしまったそうです。これには、背筋が寒くなったと言っていました。彼は刺青を背負っているのですが、彼に言わせれば、原発の現場というのは、そういう人たちが集められて仕事をしてきたのです。それはどこの現場でも一緒ではないかと言っていました。

賃金は良かったらしいですが、本当に刹那的な働き方というか、博打で全部すってしまう人もいるし……、そういう働き方の人たちが集まっていたということです。最高の原子力技術といわれている電力会社の底辺で働いているのは、刺青を背負って刹那的な生き方をせざるをえなかった人たちだったのです。ウランの採掘における先住民族の被ばく問題、そして原子力発電所における下請け労働者が被差別部落や、在日朝鮮・韓国人、一般の貧困層によって担われてきたのが社会の実態です。

今日においても、福島第一原発事故の収束作業にかかわった長崎県出身の労働者が「多重派遣」「偽装請負」の疑いがあることが判明しています。また、福島第一原発でこの八月二十二日に亡くなった下請け労働者も「偽装請負」の状態で働かされていたことが明らかにされつつあります。
収束作業の過程で、「被ばく線量の偽装」も明らかになっています。短期雇用の労働者に高い放射線量の作業を担わせたり、労働者の線量計を鉛カバーで覆わせたりしていることが相次いで暴露されています。それでも東京電力の社員は他の現場に回してもらえるが、下請け会社や下請け労働者は、「常に仕事ができなくなる不安と闘っている」状態に落とし込められ、様々な偽装を強制されるか、使い捨てにされるか、労働者の権利はなきに等しい状態にされているのです。高橋哲哉さん（東大教授）が「犠牲のシステム」と呼んでいるように、まさに核開発や核の「平和」利用が「差別と抑圧の構造」の上になりたっているシステムであることは明らかです。

「原発事故」をめぐる差別

原発事故以降、福島から避難してきた県民に対して旅館やホテルでの宿泊拒否、ガソリンスタンドでの給油拒否や避難してきた子どもが「放射能がうつる」と言われていじめに遭った、子どもを保育園に入園させようとしたところ、福島県から避難してきたことが分かると、保護者から不安の声が出て対応できないとして入園を拒否された、などの事案が新聞で報道されています。

しかし、原発事故における放射能汚染は深刻です。国や電力会社は、放射能汚染による健康被害を過小評価し、特に低線量被ばくの健康リスクについて「明らかなガンの増加はみられない」と繰り返し宣伝していますが、子ども達を中心に健康被害は深刻です。

「原発事故をめぐる差別」を許さないとともに人々を被ばくから守ることと、原発推進をやめさせ、脱原発を求めることは「車の両輪」として取り組むべき課題ではないかと思います。

日本社会は、部落差別や在日朝鮮・韓国人差別、アイヌ民族に対する差別、ハンセン病に対する差別など歴史的・社会的に形成されてきた差別を基層にしながら、広島・長崎の被爆者、水俣病、Ｏ一五七などの感染問題などに対する偏見や差別が繰り返し起こってきています。歴史は繰り返すと言いますが、絶対に繰り返してはならない歴史があるはずです。戦争や差別の歴史は繰り返してはならない最たるものです。今回は「フクシマ」です。

「お墓に避難します。ごめんなさい。」二〇一一年六月二十二日、緊急避難準備区域（南相馬市）に住む九十二歳の女性の遺書です。福島県民の二重、三重の苦難を、これからの生活の中にきちんと見据えていく事が、私たちの為すべきことです。

また、新聞報道によると、大震災の被災地でも流言が飛び交っていたとあります。「外国人の窃盗団がいる」「電気が十年来ない」、ネット上においても「暴動がすでに起きています。家も服も食べ物も電気もガスも無いから」などの情報が飛び交ったようです。

関東大震災において、流言蜚語によって朝鮮人虐殺が引き起こされましたが、これも日常的な朝鮮人に対する差別が拡大したものです。非常時もまた日常の延長にすぎません。だからこそ日頃の反差別・人権の取り組みが非常時に問われてきます。肝に銘じなければならない教訓です。

福島第一原発事故とは

国会の福島原発事故調査委員会は、二〇一二年七月五日に報告書を公表しました。今日において最も正鵠をえた報告になっていると思います。報告書では、この事故が「人災」であることをはっきりと指摘しています。

> 【事故の根源的原因】
>
> 事故の根源的な原因は、東北地方太平洋沖地震が発生した平成二三（二〇一一）年三月一一日（以下「3・11」という）以前に求められる。当委員会の調査によれば、3・11時点において、福島第一原発は、地震にも津波にも耐えられる保証がない、脆弱な状態であったと推定される。地震・津波による被災の可能性、自然現象を起因とするシビアアクシデント（過酷事故）への対策、大量の放射能の放出が考えられる場合の住民の安全保護など、事業者である東京電力（以下「東電」という）及び規制当局である内閣府原子力安全委員会（以下「安全委員会」という）、経済産業省原子力安全・保安院（以下「保安院」という）、また原子力推進行政当局である経済産業省（以下「経産省」という）が、それまでに当然備えておくべきこと、実施すべきことをしていなかった。
>
> 福島原子力発電所事故は終わっていない。
>
> これは世界の原子力の歴史に残る大事故であり、科学技術先進国の一つである日本で起きたことに世界中の人々は驚愕した。世界が注目する中、日本政府と東京電力の事故対応の模様は、日本が抱えている根本的な問題を露呈することとなった。
>
> 福島第一原子力発電所は、日本で商業運転を始めた三番目の原子力発電所である。
>
> 日本の原子力の民間利用は、一九五〇年代から検討が始まり、一九七〇年代のオイルショックを契機に、政界、官界、財界が一体となった国策として推進された。
>
> 原子力は、人類が獲得した最も強力で圧倒的なエネルギーであるだけではなく、巨大で複雑なシステムであり、その扱いは極めて高い専門性、運転と管理の能力が求められる。先進各国は、スリーマイル島原発事故やチェルノブイリ原発事故などと

いった多くの事故と経験から学んできた。世界の原子力に関わる規制当局は、あらゆる事故や災害から国民と環境を守るという基本姿勢を持ち、事業者は設備と運転の安全性の向上を実現すべく持続的な進化を続けてきた。

日本でも、大小さまざまな原子力発電所の事故があった。多くの場合、対応は不透明であり組織的な隠ぺいも行われた。日本政府は、電力会社一〇社の頂点にある東京電力とともに、原子力は安全であり、日本では事故など起こらないとして原子力を推進してきた。

そして、日本の原発は、いわば無防備のまま、3・11の日を迎えることとなった。

想定できたはずの事故がなぜ起こったのか。その根本的な原因は、日本が高度経済成長を遂げたころにまで遡る。政界、官界、財界が一体となり、国策として共通の目標に向かって進む中、複雑に絡まった『規制の虜（Regulatory Capture）』が生まれた。

そこには、ほぼ五〇年にわたる一党支配と、新卒一括採用、年功序列、終身雇用といった官と財の際立った組織構造と、それを当然と考える日本人の「思いこみ（マインドセット）」があった。経済成長に伴い、「自信」は次第に「おごり、慢心」に変わり始めた。

入社や入省年次で上り詰める「単線路線のエリート」たちにとって、前例を踏襲すること、組織の利益を守ることは、重要な使命となった。この使命は、国民の命を守ることよりも優先され、世界の安全に対する動向を知りながらも、それらに目を向けず安全対策は先送りされた。（国会福島原発事故調査委員会報告より）

このように報告書は、東京電力と政府の規制当局が、危険性を認識しながら、情報を隠し、改善をせず、3・11を迎えたことが事故の根源的原因であることを指摘しています。しかしいまだ全容解明に至っていません。使用済み核燃料の処理方法も決まらず、廃炉方法も明確ではありません。

アイヌ民族は、「毒矢を使用するときは毒を消す方法を発見してから毒矢を使用した」と伝えています。今こそ現代文明がいかに愚かなものか先住民族から学ぶべき時です。

東日本大震災と福島第一原発事故をめぐって

被災地では、海に流された「大漁旗」を一つ一つ拾い、一つ一つ洗い、大震災の意味を問い直している人たちがいます。「大漁旗」は海に生き、海に殺された人たちの「鎮魂と復興」の象徴です。しかし私たちはあまりにも鎮魂の思いが浅いような気がします。

宮城県石巻市の出身である辺見庸さんは、その著『瓦礫の中から言葉を』の中で「石原吉郎の叫び」と題する項でこのように述べています。少し長いですが引用します。

石原吉郎はみずからのラーゲリ（ソ連強制収容所）体験にナチのジェノサイトをかさねて、死について考察し、死の数量化に抵抗しているのです。……人は、「死においてただ数であるとき、それは絶望そのものである。」この叫びは、論理の整合性をこえて、胸にせまってきます。……私は、広島告発の背後に、「一人や二人が死んだのではない。それも一瞬のうちに」という発想がある事に、強い反撥と危惧を持つ。一人や二人ならいいのか。時間をかけて死んだ者はかまわないというのか。戦争が私たちを少しでも真実へ近づけたのは、このような計量的発想から私たちがかろうじて脱け出したことにおいてではなかったか。「一人や二人」のその一人こそが広島の原点である。……

辺見さんのように深い思索は出来ないかもしれませんが、私たちもまた具体的な一つ一つの死と向き合うことを通して、「大震災と原発事故」を自らの生き方（思想）のなかに取り込んでいく必要があると思います。

大漁旗に込めた被災者の思いを辺見さんの「言葉」とともに生活の中に活かしていく事が問われているように思います。

3・11から一年半を経過して「大震災と原発事故」を検証点としながら、もう一度というより何度でも自らの生き方を検証していく事が問われているように思います。

反原発運動の中で

「脱原発は右も左もない」という言説がまかり通っています。脱原発運動の空前の盛り上がりは、その賜物かもしれません。しかしいま私たちの生き方（思想）が問われているように思います。

ファシズムの足音が聞こえる今、日本社会のあり方と自らの生き方を重ね合わせていく事が大切な気がします。

「福島の原発事故では多くの住民が避難させられ、いまだに故郷に戻れない状況が続いています。いつまで続くことか。基地に土地を奪われてきた沖縄とそっくりです。本当に心が痛む。もうこんな一部の国民に犠牲を強いるような政治のあり方はやめてはどうですか」（大城立裕・朝日新聞二〇一一年七月七日）

私たちは、東日本大震災と福島第一原発事故の中であぶりだされた「犠牲のシステム」（高橋哲哉さん）を自らの課題としてとらえ返し、現実の諸関係を変革していくことが問われているのではないでしょうか。

同和地区・関係人口の分布(1987年)

(総務庁調査による)

・全国4,603地区　関係人口1166,715人
・●は、政府統計で同和地区がないとされている道県。
・① 福島、⑦ 東京、⑮ 富山は政府統計では同和地区がないとされているが、被差別部落が現実にあり、運動団体(部落解放同盟)の支部もある。
・その他の府県の(　)内は、地区数。

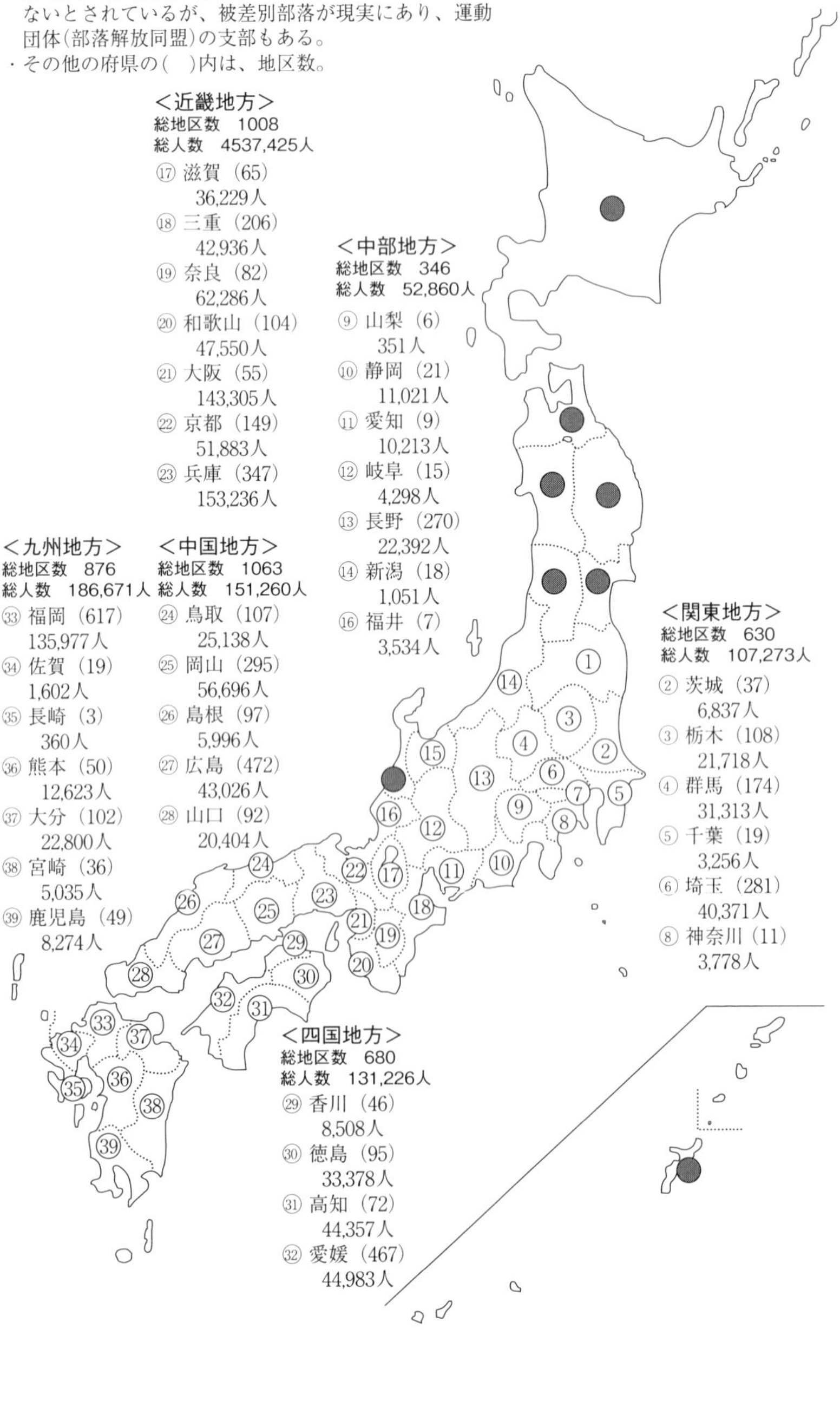

<近畿地方>
総地区数　1008
総人数　4537,425人
⑰ 滋賀 (65) 36,229人
⑱ 三重 (206) 42,936人
⑲ 奈良 (82) 62,286人
⑳ 和歌山 (104) 47,550人
㉑ 大阪 (55) 143,305人
㉒ 京都 (149) 51,883人
㉓ 兵庫 (347) 153,236人

<中部地方>
総地区数　346
総人数　52,860人
⑨ 山梨 (6) 351人
⑩ 静岡 (21) 11,021人
⑪ 愛知 (9) 10,213人
⑫ 岐阜 (15) 4,298人
⑬ 長野 (270) 22,392人
⑭ 新潟 (18) 1,051人
⑯ 福井 (7) 3,534人

<九州地方>
総地区数　876
総人数　186,671人
㉝ 福岡 (617) 135,977人
㉞ 佐賀 (19) 1,602人
㉟ 長崎 (3) 360人
㊱ 熊本 (50) 12,623人
㊲ 大分 (102) 22,800人
㊳ 宮崎 (36) 5,035人
㊴ 鹿児島 (49) 8,274人

<中国地方>
総地区数　1063
総人数　151,260人
㉔ 鳥取 (107) 25,138人
㉕ 岡山 (295) 56,696人
㉖ 島根 (97) 5,996人
㉗ 広島 (472) 43,026人
㉘ 山口 (92) 20,404人

<関東地方>
総地区数　630
総人数　107,273人
② 茨城 (37) 6,837人
③ 栃木 (108) 21,718人
④ 群馬 (174) 31,313人
⑤ 千葉 (19) 3,256人
⑥ 埼玉 (281) 40,371人
⑧ 神奈川 (11) 3,778人

<四国地方>
総地区数　680
総人数　131,226人
㉙ 香川 (46) 8,508人
㉚ 徳島 (95) 33,378人
㉛ 高知 (72) 44,357人
㉜ 愛媛 (467) 44,983人

同和地区・関係人口の分布(1993年)

(総務庁調査による)

・全国4,442地区　関係人口89万2751人
・● は、政府統計で同和地区がないとされている道県。
・① 福島、⑦ 東京、⑮ 富山は政府統計では同和地区がないとされているが、被差別部落が現実にあり、運動団体(部落解放同盟)の支部もある。
・その他の府県の(　)内は、地区数。

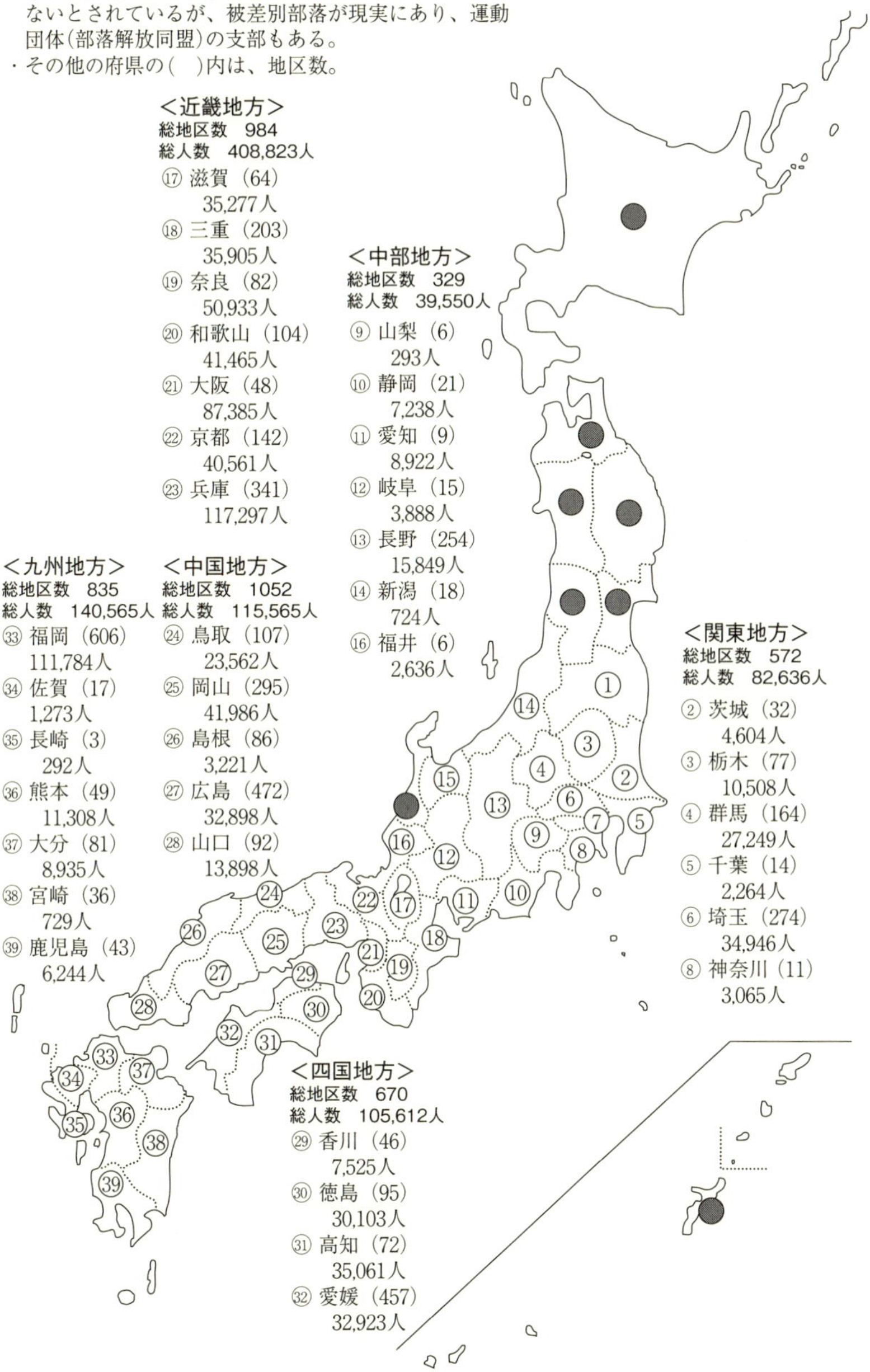

プロブレムQ&A

II

部落差別をどうなくすか

Q11 「競争」と「差別」のちがいは？

人は競争します。勝者が敗者に優越感を持つのはあたりまえではないでしょうか。「差別」をするのは、この勝者の優越感なのでしょうか？

「競争」と言うと、なにを思いだしますか。運動会ですか、それとも試験勉強ですか。どちらでもよいのですが、ここでは運動会について考えてみましょう。運動会は、保育園や幼稚園でも、人気があります。小学校、中学校、高等学校、大学、そして会社でもやっているところがあります。町内会でも、運動会をするところがあります。

ずいぶんと人気がある「会」です。それとも、人気などなく、むかしから行なわれていたから、惰性《だせい》でいまもやっているだけなのでしょうか。競技の種目もいろいろとあります。マスゲームから徒競走《ときょうそう》まで。

「障害物競走《しょうがいぶつきょうそう》」は、その名が障害者を連想させるというので、ひところ話題になりました。「山あり谷あり競走」といった呼び方になったようですが、しかし、障害者の多くからほんとうに、その名称についてクレームが出たのでしょうか。わたしは「障害物競走」という名でよいと思いますけれど。むしろ語の厳密な意味を考えれば、「障害者」という命名《めいめい》のほうこそがおかしい。こちらをもっと適切な呼称にしたほうがよいのではないでしょうか。

踊りやマスゲームは、運動会の華《はな》でしょう。競技者が協力して、ひとつのハーモニーを生みだします。しかし、やっている人も見ている人も興奮をするのは、一〇〇メートル競走やリレーなどでしょう。走者も必死なら、応援するほうにも、つい力がはいります。

わたしは鈍足《どんそく》ですから、上位入賞など望めませんでしたが、それでも熱心に駆けたものです。七人中六番でも、ノートかエンピツをもらって満足していました。わたしの子は、わたしより不器用《ぶきよう》なのか、幼稚園の運動会でのことです。カン下駄《げた》競争というのがありました。空き缶を裏返して、はだしで乗ります。缶には長めのひもがついていて、それを手でもってもちあげて缶の下駄を進めるのです。見ていると、息子はまるで歩けません。それはもう親でもあきれるほどです。同時に出発したグループがゴールインしても、まだ一歩か二歩です。つぎのグループがゴールインしても、三歩か四歩です。

もうやめたら、とわたしが子に声をかけようとしたとき、ベテランの先生が子のそばに行き、はげましました。先生がひもを動かして、一歩一歩と進んだのです。

「たいへんだったね」と、あとで言うと、子は、「ちょっと足の裏が缶のフチで痛かった」というだけで、しおれているふうでも恥じているふうでもありませんでした。

競争に負けても、そんなものです。もちろん、人によってくやしさの程度もちがうでしょう。くやしさのあまりジタバタすることもあるでしょう。でも、そういう人は、勝ったときには、人の倍以上もうれしいにちがいありません。

競争して勝利したおりのうれしさ、敗北したおりのくやしさ、それが人生のドラマなのです。勝ったときに優越感にひたるのは当然です。勝利の蜜《みつ》の味を楽しむのです。そして、負けたおりはにがい思いにつつまれ、このつぎには、と自分に言いきかせる。それでいいのです。

運動会を例にとりましたが、競争は、そして、その競争の結果は、差別ではありません。差別とは、競技に参加させてもらえないことです。

ただし、人と競争するのはいやだから、徒競走には参加したくないという子もいます。この子に参加することの意義を説いてきかせるか、この子の意思を尊重して同意するか、それはケースバイケースで対処することになるでしょう。問題は、競技に加わりたいのに加わらしてもらえないことのほうです。

本人の意思が重要だということです。本人が参加したいと考えているかどうかが大切なのです。これを忘れると、ハンディキャップの問題と差別の問題とを混同することになります。さきにいいましたように、わたしは鈍足です。競走者が、「おまえとかけっこしてもおもしろくない。競走するなら、おまえのスタート地点を前にしてやろう」と、こんなふうにいってくれる場合があります。わたしは、相手の提案の意味がよくわかるので、これを受けいれます。俊足の人がわたしのハンディキャップ（鈍足）にあわせてくれたことになります。これはわたしに対する差別ではありません。わたしは生まれながら、足が遅いというハンディキャップを負っていますが、それが即、差別に結びつくわけではありません。

同じように、男と女がべつべつにマラソンをすることも問題になりません。小学校で学年ごとに競争するのも、障害児のクラスだけがまとまって競技するのも、その組分けが問題になるまでは差別の問題にはなりません。ある競技を行なう場合に、学年でわけるか、性別で区別するのか、これをクラスファイ（組分け）と呼び

ハンディキャップと差別

ハンディキャップ（Handicap）の語源は、帽子《キャップ》の中の当たりくじを手《ハンド》で引いて馬具の重さと決めた競馬用語という説があり、そこからゴルフのハンディが発生したという。くじで当てた人が賞金の一部を帽子の中にそっともどしたことからきているともいいます。この語で障害者のことを指示したのは意味深長です。自己の意志で障害をもったのではなく、ひとつの偶然からそれが与えられたというわけです。それを均（なら）そうとする知恵でもあります。

ましょう。どこに線を引いてクラス分けするのがいちばんいいのか。このことは、よく検討されなければなりませんが、それがすぐに差別の問題になるということはありません。

クラスファイの結果、参加できない人が出て、しかもその人から苦情が出てくるまでは差別とはいえません。

しかし、それまでは参加の資格をあたえられてなかった人がひとたび参加を希望すれば、クラスファイの枠組みが差別を意味してきます。女子高校生たちが高校野球に選手として出場したいと言いだせば、男と女でクラスファイして、男だけが出ている甲子園の大会は、性差別の象徴になります。大相撲の土俵に上がり、男と対戦したいという女性が現れれば、それを排除している相撲協会は差別主義者になります。

加わりたいという個人の意思が重要なのです。

加わりたくない人に参加を求めるのは、たんなる強制です。お節介《せっかい》にすぎません。加わりたいといっているのに、仲間に入れない。これが問題なのです。差別とは、競技に参加したいといっている人を入れないことです。

アメリカ合衆国やイギリスには、白人の男性しか入れないバーがありましたが、

クラスファイ（組分け）

オリンピックの種目などを考えるとわかりやすいでしょう。「スポーツ」と一言でいわれるものが多種多様に組み分けされ、それぞれの分野で競技が行なわれます。どのように分けるか（分節化）は、その時代の文化によって決まります。大会ごとの種目の変化は、人々の考えの動きを示しています。

べつに、だれもおかしいと思いませんでした。黒人の人が、わたしらも入りたいと言いだすまでは、なんでもないのです。黒人が肌の色のちがいだけで排除されているのはおかしいと気づき、入れてくれるように要求をする。そのとき初めて差別が生じるのです。女の人からわたしもパブで一杯飲みたいのにどうして入れないのかと問われて、性差別があったとわかるのです。

差別の問題には、被差別者の声が基本にあります。

レオタードにまわし

「しこふんじゃった」

女性もレオタードと特製パンツで相撲に出場できます――。女子選手のアマ相撲普及を目指す日本新相撲連盟（本部事務所・大阪市）が、このほど発足した。

「土台も組織もないが、五年もかければ大きな組織になる。男子の相撲と違い、女性に配慮したルールと用具による新しい相撲です」。理事長に選出された日本相撲連盟・田中英寿専務理事は、力強く訴える。現在の競技人口は、体育系大学生を中心に約百人。今後は中・高校生にも呼び掛けて底辺拡大を狙う。

やわらかイメージで 女性のための新相撲

土俵は硬質マットで、ユニホームはカラフルなレオタードを着用、その上にまわし付きの新相撲パンツをはく。「基本練習が厳しい」「少し恥ずかしい」の言葉も聞かれるが、力自慢、投げ技が得意の〝力士〟も、既にデビューしている。

発足式で取組を披露した今井恵さん（国士大）は「レオタードだったら恥ずかしくない。体のあちこちが痛いが、楽しい。人気もきっと出てくる。体が大きい人だけのスポーツでもない」と、楽しそうにしこを踏んでいた。

来年1月には 選手権を開催

音楽に合わせたユニークな準備運動「新相撲体操」も考案され、評判も上々だ。創作ダンスと新相撲の基本練習、基本技がミックスされ、しこ、てっぽうなどの激しい練習のイメージを和らげる作戦。立ち合いの頭突き（ぶちかまし）や張り手は禁止で、競技会は体重別の個人戦と団体戦があり、来年一月には大阪市で、第1回新相撲選手権が開催される予定だ。

↑特製パンツ姿でけいこに励む新相撲の女子選手たち

女たちの相撲のユニフォームを報道（東京新聞〈夕刊〉1996年５月17日号）

Q12 「美女コンテスト」は差別なのですか？

身体的な優劣、精神的な優劣があるのは避けられません。「美女コンテスト」が差別だというのは、いいがかりではないでしょうか？

「美女コンテスト」は女性差別ではないか、という抗議の声があがったことがあります。いまでも同じ主張がつづけられているのかもしれません。「美女コンテスト」と書いて、「美人コンテスト」と言わなかったのは、「美人」という言葉には男がふくまれることがあるからです。ここで問題なのは、あくまでも女性のコンテストで、あの「ミス何々」というものです。「ミス京都」とか、「ミス日本」とか、「ミスワールド」といったものです。

このコンテストが差別かどうかを知るためには、幾層《いくそう》にもわたる問題を考えていかなければなりません。この催しに初めて抗議した人は、どこかの国の女性でしょう。たぶん、ステージに並ばされて、主として男の審査員によって優劣を比べられている同性の姿を、なげかわしく思ったのでしょう。出場者たちは衣装を着替えさせられたり、水着姿にもなります。身長、体重はもちろん、バストがどのくらいで、ウエストがいくらで、ヒップがどうかまで調べられます。これではまるでブタやウシの品評会と同じではないですか。

女性をモノとしてあつかっている、女性の人間性は無視されていると思ったのでしょう。主催者は、出場者の精神性も重視しているといっていますが、究極的《きゅうきょくてき》には、顔の美醜《びしゅう》であり、プロポーションの良し悪しが決め手になるのです。出場者は、外形を競い合うことになるのです。

競争することが差別とは関係のないことは、Q11で解決したことです。参加を希望するすべての人が応募《おうぼ》できればそれでよいのです。「全世界ミスコンテスト」などといいながら黒人の出場を禁じたりすれば、あるいは「ミス日本」のコンテストに、日本に在住しているにもかかわらず参加できなかった女性がいたりすれば、黒人差別や民族差別になるのです。スタートラインに、参加希望者が並ぶことができるなら、競争そのものは問題になりません。

「ミスコンテスト」が独身女性であることの価値を強調しすぎている、という指摘にはうなずけるものがあります。「美女くらべ」に参加したい既婚者《きこんしゃ》があらわれたとき、参加者の資格が再検討される必要がでてきます。「ミス」と「ミセス」で

ミスコンテスト

わけるのか、それとも、「ミズ・コン」にするのか。クラスファイの問題が浮上してきます。

つぎに考えなければならないのは、精神性よりも外形を審査のポイントにするのが、いいのか悪いのかということです。

「人を外形で判断してはいけません」といわれたことはありませんか。「人を着ているもので判断してはいけません」というのも同じでしょう。これらの言葉はふたつのことを教えてくれます。ひとつは、人は外形で相手を判断することが多いということです。ふたつめは、外形よりも精神性が大切だということです。

しかし、ほんとうに外形よりも精神性が評価されるべきものなのでしょうか。身体的な優劣よりも、精神的な優劣が上位におかれるべきなのでしょうか。

第二次大戦までは、「すえは博士か大将か」というのが、日本の立身出世のゴールでした。戦争が逼迫《ひっぱく》してくると、だんだん大将の比重が高くなりましたが、アタマとカラダは、まずまずつりあっていました。アタマのよい子は博士をめざし、カラダのりっぱな子は大将をめざせばよかったのです。しかし、戦後は、「平和憲法」のもとで、大将の値段はゼロに近くなり、代わって頭脳ばかりが社会的に幅を利かす時代がきました。学歴が、戦前にもまして、人びとの処遇《しょぐう》に影響をおよぼすよう

ミズ
男は既婚であれ、独身であれ「ミスター」と呼ぶのに、女性が「ミス」と「ミセス」の区別されるのはおかしい。アメリカのウィメンズ・リブは、「ミズ」という造語で両者を区別することなく呼ぶよう主張した。

になります。ランクが上位の学校を卒業したものは、いくつになっても、そのことを鼻にかけています。これは、男も女も同じです。

一方、カラダのほうはスポーツを通してしか誇示できないようです。

このようなアタマ中心社会にどっぷりとつかっている人から見れば、肉体ばかりを競いあう「美女コンテスト」は、ブタかウシの品評会に見えるかもしれません。しかし、アタマだけを偏重《へんちょう》する社会にあって、肉体を誇ることのできなかった人たちの鬱屈《うっくつ》を忘れてはならないでしょう。

そもそも、どうしてカラダがアタマより下位におかれなければならないのでしょう。人間をアタマとカラダのふたつの概念にわけたにすぎないのですから、両者は対等でなければなりません。つまり、大学の試験を受けるのと、美女コンテストに出ることに価値の上下はありません。日本一の成績を取ることと、ミス日本になることは同じようなものです。

そういう意味では、のど自慢はいい例です。声はアタマとカラダの中間にあります。とくに歌の名手ともなれば、恵まれた声帯や肺が必要でしょうし、そのカラダを統御《とうぎょ》しながら感情をうまく表現していくアタマもいるでしょう。

このように考えるなら、「美女コンテスト」で美貌《びぼう》とプロポーションを人と競い合うのは、なんの問題もありません。彼女たちが栄冠《えいかん》を得るために涙ぐましい努力をしているのをわすれてはなりません。ミス何々にも拍手を送ってよいのです。

もちろん、「美女コンテスト」が美女の基準を作ってしまうことに、気をつける必要はあるでしょう。背が高くて、ほっそりとしていて、目が大きめ、鼻が低くなく、唇のかたち、歯ならび、胸と腰のバランス、歩きかた等々を示して、美女の手本を提供します。審査員に男性が多ければ、現代の男がもっともよろこぶ女のかたちが描かれてしまうことになるでしょう。ひとたびできあがった美女のイメージはひとり歩きします。その基準にあわない女性にコンプレックスを植えつけることになるかもしれません。

いまの社会は、あらゆる文化が性差をふくみこんでいます。その性差はとうぜん男性中心のものです。男がこうあってほしいと願う美女像は、女性をこれまでどおりに、男性の下位におくことになるのかもしれません。この点では、「美女コンテスト」は、性差の再生産につながります。この弊害《へいがい》をさけるためには、審査員に男性ではなくて、男意識にこりかたまっていない女性をふやすのもよいでしょう。

性差
男女における身体や能力を測定比較して、その差をいう。

性差別
法制度のみならず、社会の文化に含まれている男女の格差の固定した評価が差別になった。女性の基本的人権が確立してくるのはずっとおそく、日本の女性の参政権は一九四六年（昭和二十一年）になる。国連が「性差別撤廃条約」を定めたのは一九七九年（昭和五十四年）である。

Q13 本当に「職業に貴賤はない」のですか？

どんな社会にも、きたない仕事ときれいな仕事はあると思います。社会的な弱者にきたない仕事が押しつけられるのは差別ではないのですか？

「美女コンテスト」は美しさを競い合うショーで、彼女たちが、それを職業にしているわけではありません。ここで入選して、ファッション関係のモデルなどの仕事につく人は多いのでしょう。女優になったり、歌手の道に進んだり、タレントやコンパニオンなど、その外形の美しさを生かす道に進もうとするのはよくわかります。

「女」であることを強くアピールする職業が選択の対象になるでしょう。

「女」であることを同性にアピールするばかりではなく、もっぱら異性にアピールする仕事はたくさんあります。サービス業とひとまとめに呼んでもいいのですが、料亭《りょうてい》でお酌《しゃく》をしているとか、バーのフロアレディーとか、風俗産業など、さまざまです。

もちろんこのような「女」のみが従事できる仕事にも、きびしいランキングがあります。「あんなふうにだけはなりたくないわ」と、ひとつ上のランキングの女性が、下のランキングの女性を見て言っている声が聞こえます。美女コンテストで入選した人のつく仕事は、「女」を強くアピールするものであっても、上位にランキングされるものになるでしょう。

「職業に貴賤《きせん》はない」と言います。しかし、いまの日本では職業のランキングは強く意識されています。いい仕事とよくない仕事があります。きれいな仕事もきたない仕事もあります。どの仕事を選ぶかで、その人の一生は大きく左右されます。人もうらやむ仕事を得て経済的にもめぐまれた生活をするか、意に添《そ》わない仕事を転々としながらカラダまでこわしてしまうのでは、大変なちがいです。

大学の教授などはいいほうの仕事でしょう。その仕事についている人が条件の悪い仕事の人にむけて、「職業に貴賤はない。めげずにがんばれ」といったところでお笑いでしかないでしょう。

くりかえせば、いまの社会には強固な職業のランクづけがあります。そのランクは年々変化していますが、全体の枠組みにまでおよぶような変わりかたではありません。

職業に貴賤はない

近世の身分制社会は、身分と職業（役）がわかちがたく結びついていましたが、近代はそれを解き放ちます。そのとき、「職業に貴賤はない」と強調されます。いろいろな仕事に人びとを就かす必要もありました。

職業ランキングのヒエラルヒー

たとえば、法人の申告所得順位などが新聞紙上に掲載される。二〇〇四年度の上位から社名を並べれば、トヨタ自動車、日本銀行、東京電力、日生、キャノンといったふうで、これもヒエラルヒーの形成に役立っている。二〇一二年はグーグル、トヨタ自動車、ソニー、パナソニック、

ＩＴ関連がいいのか、それとも自動車がいいのか、それらは、大学生の就職希望のベストテンとしても数値化されます。あるいは、株式市況として、あるいは生産額として、輸出入の量として数値化されます。そうした数字から、わたしたちは、今年度の職業のランキングのヒエラルヒーを頭のうちに描くのです。「職業に貴賤がない」などと、卒業式などで安易に言ってもらいたくないものです。どこに就職できたかで、人生の半分はきまってしまったという気分でいるのですから。

ランキングの上位の仕事につくには、ランキングが上位の大学を出ているほうが可能性は高いでしょう。学歴と職業の選択の幅は結びついています。しかし、高い学歴を得るには、小中高の各学校もランクの高いところがいいでしょうし、そこで競争に勝つためには、塾やその他のことでずいぶんとおカネがかかることでしょう。その子の家庭で、親がランキングの高い仕事についている必要があるかもしれません。

フェアな競争が行なわれにくくなっているのは確かです。

以上のことから、日本に新しい上流階級が生まれて、それが世襲されつつあるということは指摘できますが、学歴による階層化は差別ではありません。

アップルジャパン、資生堂（ＤＯＤＡ転職人気企業ランキング２０１２）。

ヒエラルヒー
ヒエラルキーとも呼ぶ。上位から下位までのレベルが秩序化されたピラミッド型の組織。各層の順序がランキングを形成する。

差別とは、スタートラインに、並ばしてもらえないことです。受験を希望しているのにテストを受けさせてもらえなかったり、また、その試験の成績だけで合否を決めてもらえないことです。

もし女性であるということで、成績はいいのにもかかわらず、入社試験でハネられると差別なのです。被差別部落出身であるという理由で落とされたときが差別なのです。人種や国籍の問題がここに入ってくる場合もあります。

わたしは、ある都市銀行に「部落問題」について講演に招かれたことがあります。その銀行では、当然のことですが、採用のおり、当人の本籍はもちろん、家族の職業なども、いっさい問わないそうです。部落差別はしないという強い気持ちが感じられました。講演に出席した人たちは、各支店の中堅、これから中核をになうという人たちでした。三百人もいたと思います。しかしそこにはひとりの女性もいませんでした。

講演会を担当した人は性差別についてわかっていて、会場に入る直前に、わたしに「びっくりしないでください」といわれました。しかし、礼儀正しく熱心な男たちばかりを眺めていると、やはり、おどろかないわけにはいきません。銀行で部落問題について話すなど、一九七〇年には想像もできなかったわけですから、その

機会均等と憲法
↓Q15

ことにもおどろいていたのですが、記録係の女性一名をのぞいて、見渡すかぎり、男だけなのです。あの、銀行の各支店の窓口にいっぱいいる女性はどうしたのでしょう。銀行にいる女性は幹部になれないほど無能なのでしょうか。そうとはとうてい思えませんが。

平塚らいちょうによって「青鞜《せいとう》」が創刊されたのは一九一一年ですから、百年になります。しかし、いまだ性差の問題は、緒《しょ》についたばかりです。景気が悪くなればすぐに女性の就職は狭《せば》められるのですから。もしふたたびキナ臭い社会になれば、その地位はいっそう低くなるでしょう。

入社試験に際して、男は成績中心なのに、女はそうではない、このときが差別なのです。男よりも仕事ができるのに、上級職をあたえられない、このときが差別なのです。同じような仕事をしているのに、男の賃金と格差《かくさ》があるのも差別です。

話をもどせば、職業種別のヒエラルヒーの形成とか、高学歴を得る階層の固定化などの問題は、差別の範疇《はんちゅう》ではなく、社会の権力システムの領域にはいるのです。

健康で体力はあるのに勉強がきらいなため、学歴の低い人もいます。人がふりむくほどかわいいのに、ものをおぼえるのは苦手だという人もいます。経済的に進

平塚らいちょうと「青鞜」

雷鳥、らいてう、とも表記。一八八六年（明治十九年）に東京で生まれ、雑誌「青鞜」を舞台に「新しい女」の出現を訴えた。「元始女性は太陽であった」の主張はよく知られている。

学できなかった人、病気がちで不登校だった人など、学歴偏重のいまの社会で冷や飯を食べさせられる破目《はめ》になった人もいます。つきたい仕事につけないで、多くの人がいやがる、きつい労働に従事することになります。不当なこと、くやしいこと、疲労、病気など、問題はいっぱいあっても、それは差別の問題ではないのです。Q11でいったところの競争なのです。

つまり差別とはちがい、職業のヒエラルヒーからは自由になることが可能なのです。自分の職業が、世間から見れば実につまらなく見えても、自分にとってはおもしろく、それが生きがいになる。学歴中心のヒエラルヒーは、覚悟《かくご》さえすれば、いつでも無視できるものなのです。

一方、差別のほうは、被差別者を逃《に》がしてくれません。差別された人（たとえば女性）が、どのように考え方を変えても、差別から自由になれません。差別は、差別するほう（たとえば男性）の意識の問題がかかわってきますから、被差別者（女性）の心がまえだけでは、どうにもならないのです。

Q14 心理的な差別と社会的な差別はどうちがうのか?

頭で差別はよくないと考えていても、気持ちとしては被差別者を避けたい。そのような心理と差別事象とはどのようにかかわっているのでしょうか?

普通に日常生活を送っていると、わたしたちは「路上生活者《ろじょうせいかつしゃ》」と話すことはまずありません。もうかなり前のことになりますが、その人たちと話してみたいと思って、日比谷公園《ひびやこうえん》や、隅田川河畔《すみだがわかはん》や、山谷《さんや》のほうを歩いたことがあります。

投げ込み寺で有名な、吉原ちかくの浄閑寺《じょうかんじ》で会った路上生活者とは、いっしょに酒を飲んでいろいろと話ができました。しかし、アル中の気《け》があったのでしょうか、酔うほどに不機嫌《ふきげん》になり険悪《けんあく》な雰囲気になりました。正直にいって、わたしは彼のことをきたないと思っていますし、向こうではわたしのことをうさんくさく思っているわけです。少々の会話では、おたがいを理解できなかったわけです。

わたしも酒くさいことがしばしばある人間ですから、人のことをいえた義理ではないのですが、浄閑寺の彼もアルコールくさかった。それに体臭《たいしゅう》がいりまじり、

いまの山谷

濃い空気がこちらに押しよせてくるというふうでした。古い時代だと、人は人の体臭になれていたはずですが、どうも現代の清潔至上《せいけつしじょう》の時代にあっては、においに負けてしまいます。わたしは、彼と話したいと思っているのですが、心理的には忌避《きひ》したいと逃げ腰だったと思います。

　この避けたいと思う気持ちを「心理的な差別」と呼んでもいいのですが、忌避は差別ではありません。避けたいという心理が働くのは、相手がきたなくてくさい場合だけではなく、相手がいまをときめく成功者でも、劣等感を味わいたくないためにそっと席をはずすことがあります。英語で話しかけられるのがいやで、アメリカ人を避けることだってあります。つまり、忌避の気持ちは、「心理的な感情」であって、「心理的な差別」ではない。もっとはっきりといっておけば、差別は心理の問題ではありません。

　避けたいという「心理的な感情」が、路上生活者差別や、人種差別を支える土台になることはあっても、それだけにすぎません。わたしたちがここで考えている「近代差別」は、心理学の領域にはなくて、あくまで社会学の領域の問題なのです。差別は、個々人の心理に還元《かんげん》される問題ではなく、社会に存在する価値の規範《きはん》なのです。話の行きがかり上、路上生活者を例にとって、そのことを説明しましょう。

路上生活者

　野宿生活者、ホームレスともいう。公園や河畔などに簡便な小屋を作って住む。段ボールを組み立てたものから、しだいにブルーの防水ビニールでかこった小屋へと変化した。自家発電で灯をともし、テレビを見ることも可能だ。雑誌やアルミ缶の廃品の回収などで日銭を得る。コンビニから出る賞味期限が切れたばかりの弁当などが食べ物になる。男性で年配の者が多いが、たまに中高年の女性もいる。ほとんどが独り住まいである。

　江戸時代の非人が維新後にスラムを形成したころは、まだ家庭がありました。夫婦と子たちが貧民窟の長屋にあふれていた。それがしだいに男ばかりになり、簡易宿泊所に寝泊まりしていたのが、さらにホームレスといわれる今日は、ひとりひとり路上生活者が差別されるのは、結論からいえば、彼らが制度上の家庭を持たないからです。そのことは、一般市民のほうの価値規範に、家庭を持つのを当然とする考え方があるからです。「ホームレス」という彼らにあたえられた新しい表現は、的確に彼らが差別される理由を指し示しています。アメリカから輸入した言葉でしょうが、正鵠《せいこく》を突いた「差別語」です。

家を維持《いじ》していくわずらわしさに耐えられない人もいるはずですが、家や家庭を持ちたいのに持てないことがあります。会社都合《つごう》でクビになったり、病気で働けなくて収入がなくなることもあります。会社の倒産とともに社宅からも出て行かなければならない場合もあります。ローンや家賃が支払えなくなることもあります。追いつめられて独りになって、どこに住むのかとなると、公道や公園しかないではありませんか。

「あつかましく公道を占拠しておいて」と、通りすぎるサラリーマンがいっていましたが、公道や公園のほかは私有地しかないのです。「無主《むしゅ》の土地」が、いまの日本のどこにありましょう。

江戸時代にも、路上生活者はいました。この時代は、身分制度によって土地と職業（役）にしばりつけられている社会ですが、いよいよ食べていけなくなると、

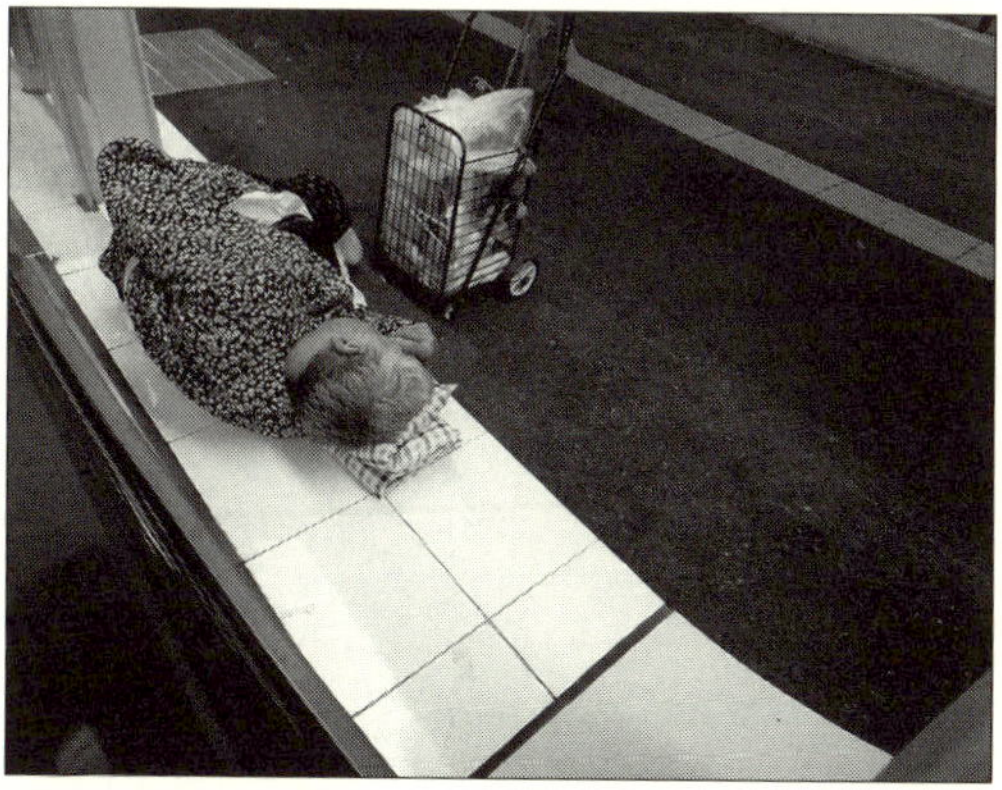

がばらばらにビニールシートの小屋に住む。子どもは皆無。二〇〇九年のリーマンショックで急激に増加したが、二〇一二年は減少した。

人々は法をこえます。移動の許可が得られなくても、村をすてて江戸に逃げこみます。そして、路上生活者になります。このころは大都市にも、まだ無主の土地はありました。彼らは、川べりのナダレ地や、干上《ひあ》がった沼地などに、草や枝や竹で簡素な小屋を造って住みついたのです。

その人たちのことを、江戸の市民は、「野非人《のびにん》」と呼びました。町奉行《まちぶぎょう》公認の制度化された「抱非人《かかえひにん》」と区別したのです。かれらのおおくは水呑百姓《みずのみびゃくしょう》でした。ちょっとした飢饉《ききん》でも打撃をうけ、村では立ち行かなくなり、江戸へ逃げてきた。背景には、都市と在方《いなか》の格差が大きくなったこと、参勤交代《さんきんこうたい》などで都市の情報が農村に早くつたわるようになったこと、寺請制度《てらうけせいど》がゆらいできたことなどであります。

おどろいたのは町奉行のほうでした。当時の政事《まつりごと》（政治）は、役人の数もすくないので、あまり細かいことには口をはさまないというふうでしたが、町にあふれた野非人を、ついには放っておけなくなります。「治安の悪化」をおそれて、町奉行は、「刈《か》り込《こ》み」を命じます。

命じられたのが、「抱非人」であり、その上部機関である弾左衛門《だんざえもん》でした。野非人を片《かた》っ端《ぱし》からとらえて、江戸のそと、つまり、朱引外《しゅびきがい》に追放します。しかし、いなかでは食べて行けないから都市に逃げてきたのです。追い払ってもまたもどって

野非人・抱非人
非人は江戸時代の身分制のひとつ。江戸に流入しつづける貧困層の救済のための工夫である。他身分の仕事を奪わないため、非人には農工商の仕事を禁じた。紙くず拾いや物乞（ものご）いで生きる。この制度にくりこまれた者が「抱非人」で、まだぶらぶらしているのが「野非人」である。前者が「非人狩り」と称して後者を捕らえて仲間にする。

寺請制度
江戸時代に、キリスト教徒ではないことを寺院に証明させた制度。寺院は、壇家《だんか》のすべての人を掌握し、「戸籍取扱い」を行なった。

弾左衛門
江戸の賤民の統制機関のトップ。世襲で十三代つづいた。関東を中心

きます。十三代目の弾左衛門《だんさえもん》はそのことで町奉行に、石川島の人足寄場《にんそくよせば》のようなものを、もうひとつ造るように進言しています。その作業所で、ぞうり作りなどの「役」をあたえてはどうかというものです。その結果、十年ほどの短い期間ですが、賤民層の無宿者を収容する非人寄場《ひにんよせば》が作られました。

　農民という役からはずれたものを、もう一度ちがう役に押しこんで、制度的にはアウトローをなくそうというわけです。身分制社会ではそれしか方法はないのかもしれませんし、そのような方策で彼らを救済しようとしたのは評価されてもいいでしょう。

　一方、今日の路上生活者は、住所や職業を失っているからといって、制度的にはみだしているとはいえません。仕事をもとめている路上生活者には行政は便宜《べんぎ》をはからなければなりません。体をいためている人には病院に行けるようにしなければなりません。もちろん、仕事をしたがらない人にそれを強制する権限はありませんが。

　法を盾にとって強制排除するのは、江戸幕府の「刈り込み」と同じです。公道とか河原にしか住む場所がないのですから、追い払ってもまたちがう公道とか河原にブルーのテントを張ります。路上に住みたい人、住まざるをえない人がいるとい

にした各地のエタ身分を管理し、皮革の上納を義務づけた。町奉行が任命権を持ち、その支配を受ける。一線で捕物や処刑などにも協力した。

朱引
江戸の範囲を地図上に朱色で示したことからこの名ができた。御府内《ごふない》に同じ。

人足寄場
「鬼平《おにへい》」こと長谷川平蔵の進言で一八七九年（寛政二年）に隅田川河口の石川島にできた。無宿者を収容し授産を講じた。吉原うらに非人たちの寄場ができたのは、一八四三年（天保十四年）である。

うことを認めるほかはないのです。そのうえで、働きたい人には仕事を、体調をくずしている人は病院に入れるようにする。路上で腹をすかせ、熱が出て、雨のしずくにぬれてうずくまる人には援助が必要です。厳寒期には毎夜、凍死者《とうししゃ》を出しながら、こちらは闇から闇にほうむっておいて、一方、北朝鮮の路上生活者の困窮《こんきゅう》を嘲笑《ちょうしょう》的に報道するのはいかがなものでしょう。

それにしても、江戸の社会では、「野非人」をつかまえて「抱え非人」にするという対策が講じられています。「こじき」の面倒は「こじき」に見させるという施策で、それが「非人制度」のもとになります。「非人」などという、おかしな制度が江戸にはあったのかと、初めのうちはそんなふうに考えていましたが、やがて、こまかいことまでわかると、この制度がなかなかにすぐれた救済策だとわかってきました。こんにちの無策と照らし合わせれば、封建制身分社会をいちがいにわるくいうわけにはいきません。

Q15 差別は憲法に違反しているのですか？

日本国憲法は差別を否定していますか？法律による禁止と社会の規範の関係はどうなっているのか。現実のほうがずっとおくれていませんか？

差別をおこすのは、一般市民が共有している文化の問題であって、制度の問題ではない。制度のあり方を定めた法律の問題でもない。そんなことを考えてきました。

しかし、ここからさきが複雑なのですが、文化の問題は、制度や法律に反映されています。文化の或る一面は、制度としてあらわれています。法律を見ることで、その国の基本的なあり方を知ることができます。

差別は文化の問題なのですが、法律に書きとめられることもあります。日本国憲法は、ある種の差別については文章化をしています。

まず、第十四条に「法の下の平等」の項があります。「人種、信条、性別、社会的身分又は門地《もんち》により、政治的、経済的又は社会的関係において、差別されない」

第十四条【法の下の平等、貴族制度の否認、栄典の限界】

1　すべて国民は、法の下に平等であつて、人種、信条、性別、社会的身分又は門地により、政治的、経済的又は社会的関係において、差別されない。

2　華族その他の貴族の制度は、これを認めない。

3　栄誉、勲章その他の栄典の授与は、いかなる特権も伴わない。栄典の授与は、現にこれを有し、又は将来これを受けるものの一代にという有名な文がここへ入っています。また、第二十四条に、「両性の平等」という項があります。これは男女のあいだで差別があってはならないということです。結婚や財産相続や住居を選ぶ場合にさいして、夫婦の意見は対等に尊重されなければならない、というふうに記してあります。このような条項が憲法に書きとめられなければならないということは、結婚や財産相続や住居選定のおりに、以前は男の意見だけでことがすすめられていたのを意味しています。女の人の意思や希望はきいてもらえなかったのです。一九四七年五月三日にこの憲法が施行されたころの日本国は、「男尊女卑」の社会でしかなかったことを、この「両性の平等」の一条は証言しているわけです。

半世紀以上たった今日ではどうなのでしょうか。「家庭生活における個人の尊厳と両性の平等」という第二十四条は、もう不要の一条になっているのでしょうか。

またこの法律の条項が、「家庭生活における個人の尊厳と両性の平等」であって、「社会生活における個人の尊厳と両性の平等」ではないところにも注意をしてください。この憲法をつくった人の頭のなかは、女の人が家庭のそとに出て男と平等に働くという考えが、まだなかったことを意味しています。「家庭生活」での男女の平等は声高くうたっても、「社会生活」での平等の必要には気がついていないので

限り、その効力を有する。

第二十四条【家族生活における個人の尊厳と両性の平等】

1 婚姻は、両性の合意のみに基いて成立し、夫婦が同等の権利を有することを基本として、相互の協力により、維持されなければならない。

2 配偶者の選択、財産権、相続、住居の選定、離婚並びに婚姻及び家族に関するその他の事項に関しては、法律は、個人の尊厳と両性の本質的平等に立脚して、制定されなければならない。

す。

第十四条は性差について、その「政治的、経済的又は社会的関係において差別されない」とありますが、すべての女性の労働に際しての差別に関しては、四十年後の、「男女雇用機会均等法」の制定までまたなければならなかったのです。

「男女雇用機会均等法」は、女性の就職に際して、募集、採用から定年にいたるまでの全ステージにおいて、男と均等な機会があたえられなければならないことを命じています。しかし、この法律ができても、それが守られるかどうかはべつのことです。女子には会社案内を送ってもらえなかったり、採用試験も男女別々であったりします。女子が同じスタートラインに立ちたいと強くもとめているにもかかわらず、それを認めないというのは、きびしい男女差別が日本の社会に強固にあるということです。日本の企業は、性差別主義者でいっぱいだということです。

日本国憲法は、「社会生活」における両性の平等についには遅れをとりましたが、「基本的人権」には、わざわざ一条を設けています。長い文章だし悪文なので、引用はしたくないのですが、話の展開上、ここに写しておきましょう。

「第六十七条　基本的人権の本質

この憲法が日本国民に保障する基本的人権は、人類の多年にわたる自由獲得の

男女雇用機会均等法

一九八六年（昭和五十一年）から施行。

基本的人権

ブルジョア革命の基本をなした考えで、日本国憲法にももちこまれた。人は、生まれながら自由にして平等であるという。

努力の成果であって、これらの権利は、過去幾多の試練に耐え、現在及び将来の国民に対し、侵すことのできない永久の権利として信託されたものである」

変な文章です。「この憲法が日本国民に保障する基本的人権」といったいい方は、これを書いた人が日本人ではないかのようです。「この憲法が保障する基本的人権」と書けばいいところです。また、最後に、この権利が日本「国民」に信託されたとありますが、だれが信託したのか書いてありません。おかしな文章です。キリスト教の神でしょうか、アメリカの占領軍が、日本人を信用して委託するというのでしょうか。

だれが書いたのかはともかく、この憲法の文脈を支えているのは、「自由」の概念です。そして、「自由」の概念は、これを書いた人には絶対の価値をもっていたようです。「人類の多年にわたる自由獲得の努力の成果」というわけです。しかしこの筆者は、自由の概念も、フランス革命後に、欧米キリスト教社会に広まった概念にすぎないということが、よくわかっていません。わかっていたら、こんなにおしつけがましい文章にならないはずです。

日本国憲法は、その大部分の条項において、「自由」「平等」「友愛」という、近代西欧社会の理想とするカテゴリーを基本においています。さきの「家庭生活における個人の尊厳と両性の平等」という主張もまた、その延長線上にあります。

差別もまた、「平等」の概念が信奉される社会で初めて「政治的な意味」をおびてくるのですから、日本国憲法は、差別を禁止する構造を持っていると断定していいわけです。明治維新に際して、福沢諭吉《ふくざわゆきち》や中江兆民《なかえちょうみん》が主張してやまなかった「平等」の概念は、新憲法のうちにいっそう明確に書きとめられたのです。

その結果、差別は文化の問題なのですが、たまたま日本の場合は、憲法条文とかさなりあうことになりました。そのため、ある種の差別は憲法違反になります。しかしまた、憲法のうちには、「自由」「平等」「友愛」の概念とはほど遠い条文もあります。発布時の政治的な要請がそのまま書きこまれています。第一章の天皇に関する八つの条項がいちばん顕著に政治的なのは、わざわざここで指摘するまでもないでしょう。

第一章を、第二章「戦争の放棄」以降の文脈とくらべると、水と油です。よくもこんなに矛盾し対立する概念をひとつの法律のなかに入れたものだと思います。天皇はこの憲法では日本国の「象徴」でありながら、当人の基本的人権はまったく考慮されていません。もっともお手本になる位置をあたえておいて、人権がない。

このことから、「天皇も差別されている」というふうに浅田彰がいいましたが、

「男女雇用機会均等法」施行10年

一向に解消されぬ男女差別

実効性のある法改正求

男女雇用機会均等法が施行されてから十年。働く女性は増え、職域も広がった。しかし、まだ採用や昇進などの男女差別は解消されておらず、女性の間では実効性のある均等法への改正を求める声が強い。そんな中、昨年十月から労

「女子には会社案内もなかなか送ってもらえない。採用試験も男女別に行っている企業が多く、試験日を

均等法も実効性に乏しく、女子学生には就職"超氷河期"が続く＝昨年9月、東京ドームでの就職説明会で

ここは正確に、天皇自身がみんなと同じように選挙をしたい、税金も支払いたいというふうに意志したならば、そのときから被差別者になるといわなければならないでしょう。天皇がいまのまま、さまざまな特権を享受して、それで満足しているならば、けっして被差別の存在ではないのです。

ただ、憲法では、天皇が政治的な支配者でありながらも、同時にその存在を文化の問題としてとらえていたようです。天皇の地位を規定した第一条で、「この地位は、主権の存する日本国民の総意に基づく」とあるからです。これは、国民が天皇はいらないといえば、いつでも天皇制は廃止になるという意味なのです。「日本国民の総意」が変化したならば、この憲法を改正することで、天皇制は終止符を打たれるのです。この「国民の総意」というのは、文化そのものの内容のことです。

話を差別にもどしましょう。男女差別については、第十四条、第二十四条で一応言及されているのをみました。部落差別については、十四条が大きくつつみこんで、「社会的身分又は門地」という表現で禁止しています。

もちろん、部落民は一八七一年（明治四年）にすでに制度的には「解放」されています。にもかかわらず、新憲法が再度つつみこむかたちで言及しなければならなかったのは、その人たちが、いつまでも差別されつづけているからです。明治維新以降に形成された日本の文化のうちに、これらの人たちを執拗《しつよう》に差別しようとするものがあったために、「解放令」という法で禁止しても、それは守られなかったのです。法制上すでになくなったものを、法に違反していつまでも存在させようとする意思が、維新後の文化のうちにふくまれていたのです。

新憲法でも同じで、第十四条で、性差や門地による差別が禁止されたにもかかわらず、六十年以上たっても、平気で日常的に性差や門地で差別して、「憲法違反」をしているわけです。わたしがくりかえし、差別は法制度の問題というよりは、文化規範の問題だというのは、このためなのです。法で禁止しただけではなくならないのです。

門地
家柄のこと。

制度的には「解放」
「解放令」で明治政府が「穢多・非人等」の廃止令を命じたのに、それが残ってしまった。つまり、ずっと「部落」は法律に違反して存在しているわけです。

Q16 維新の変革期になにがおきたのですか？

明治維新はイデオロギー先行型の革命で、農民はなにもわからないまま、ある日、食ってはいけない牛肉を食えといわれました。農民の怒りがわかりますか？

歴史を考えるとき、ひとつながりの時間をどのように区切って考えるかは、すでに歴史観を表明しています。

奈良時代、平安時代、鎌倉時代というふうにわける場合は、どの土地で、どういう階層の人が政権をにぎっていたかということが重要だ、という歴史観に基づくものです。いまの日本でもっとも広められている歴史観です。

さきに述べた被差別民、とくに穢多身分について考えようとするなら、この政権交代による区切りとはちがう区切り方をしてみるのが、わかりやすいかもしれません。たとえば、「牛馬の肉を食べているか、それとも禁止されているか」で歴史の時間を区切るのです。おおむかし（これを「上代」と呼びましょうか）、「上代《じょうだい》」では、牛馬食は平気でおこなわれていました。肉を食用にし、その皮から衣服や沓《くつ》や武具馬具《ぶぐばぐ》を作りました。生《い》け贄《にえ》として神に供《そな》えました。

牛馬を殺して食べることが禁じられて時代はかわります。その年代をいつとするのがいいのか。六四六年の三月、孝徳天皇《こうとくてんのう》の詔勅《しょうちょく》として、「諸国の百姓農月《のうづき》に酒を飲み肉を食すことを禁ず」というのがあります。大化の改新のときです。農月という言葉は、いまでは広辞苑にも出てこない言葉になりましたが、立夏《りっか》後の農事のいそがしい時期をいいます。太陽暦で言えば五月五日ごろからでしょうか。

この禁令で注意しておきたいのは、宗教的な意味あいが文面にないということです。「酒を飲み肉を食す」というふうに、「酒」と「肉」が平等に並べられ、なにも肉食が仏教の教えに反するというふうにはなってないことです。農作業がいちばんいそがしいときに、パーティーばっかりひらいていてはいけないというものです。農民がサボって働かないと収穫が減る。すると国庫に入ってくる「租《そ》」も少なくなるのではないかと心配しているだけです。

百年後の七四一年、聖武《しょうむ》天皇のころになると、「馬牛《ばぎゅう》は人に代わって勤労して人を養う、屠殺《とさつ》することを許さず」といっそうはっきりとします。生産手段にして運搬手段だから食ってはならない。馬や牛をだいじにしろというのです。農業生産性向上の要請と、仏教の殺生《せっしょう》思想とがうまくあわさっています。この後、しだいに

孝徳天皇
皇居を飛鳥より難波《なにわ》に移す。大化の改新により六四五年に即位。

聖武天皇
七二四年に即位。国分寺・国文尼寺を全国に建て、奈良の大仏を作った。

殺生・肉食を忌《い》む思想が社会に形成されてきます。

この馬牛食《ばぎゅうしょく》を禁じた期間はずいぶんと長くつづきます。その何百年間のうちに、日本人のほとんどが、牛肉のうまさを忘れ、これを食べると地獄におちる、神罰《しんばつ》がくだると信じるまでになったのです。牛馬を殺さないばかりか、その所有する牛馬が死んだ場合は、いそいで、「馬《うま》（牛《うし》）捨場《すてば》」に運んだのです。自分の馬でも勝手に埋葬《まいそう》するのは、皮革《ひかく》を確保する必要から禁じられました。「馬捨場」に運び、あとは穢多身分の人にゆだねたのです。この期間を「中代」とでも呼びましょうか。鎖国して東南アジアからの皮革の輸入がストップしましたので、この制度は緻密《ちみつ》なネットワークを形成します。

そのあと「近代」になります。牛馬を屠殺《とさつ》して直接に革を作ってもよいことになります。肉を食べてもよいことになります。いや、むしろ、できたばかりの明治政府は、肉食を懸命《けんめい》に人々に薦《すす》めたのです。牛肉は「養生物《ようじょうぶつ》」で、「血力《けつりょく》」を強壮《きょうそう》にするから食べなければならない。それなのに、「固陋因習《ころういんしゅう》の弊《へい》」に染まっている文化の程度の低い「輩《やから》」は肉を避けている。それは政府の主意を守ろうとしないことである、といった布達《ふたつ》が出されています。富国強兵はなにも軍備だけでなく、兵隊の体力までを視野にいれていたのです。

肉食の奨励

仏教の殺生戒の影響で、肉食禁忌が千二百年余続いたが、一八六八年（明治元年）、明治新政府の神仏分離令により肉食が解禁される。明治天皇は、『明治天皇紀』によると一八七二年（明治五年）一月に初めて肉を食べたという。

天皇が洋服を着て、革靴《かわぐつ》を履き、牛鍋《ぎゅうなべ》を食べてみせる。このような牛馬に関する文化の一八〇度の転換があって、そのうえで、「解放令」が出されたのです。

急激な欧化政策で入ってくる欧米の靴は、それまでの日本式の製革《せいかく》法ではつくれませんでした。西洋太鼓の革は、日本の太鼓と革がちがいます。西洋靴の革もそうです。しばらくは、もっぱらフランスなどから製品の輸入に頼ることになります。やがて日本にも、「殖産興業《しょくさんこうぎょう》」のスローガンのもとで、製革工場《せいかくこうば》がいくつも作られます。牧場《ぼくじょう》もあちこちにできます。「死牛馬」という原材の調達法は廃止になり、牛馬を屠殺してつくればいいことになります。穢多身分の人の「役」はおわったのです。皮革生産の面からみても、「解放令」は、出されるべくして出されたのだと考えなければならないでしょう。

維新以降、武士はしばらくは「士分《しぶん》」だといってメンツをつくろっていましたが、いまでは完全に消滅しています。「非人《ひにん》」のほとんどが消失したのに、なぜ「穢多《えた》」身分につながる人たちだけがいまなお「被差別部落」として賤視《せんし》を受けるのでしょう。

変革期の明治維新以降の文化のなかに、その理由をさぐるのが自然でしょう。たまたま頑迷《がんめい》な連中が差別をしているのではなく、現代日本文化そのもののなかに部

非人の消滅

解放令以降、市中に点在していた非人小屋はなくなり、彼らの多くがスラムに流れ込んだ。東京では「こじき禁止令」(一八七二年)が出て、これが非人消滅に拍車をかけた。病気の者は養育所へ入れられ、彼らの面倒を元の非人が看た。

落差別が構造的にふくまれていたとするべきです。

部落差別残存の理由のひとつは、新政府の農民無視の姿勢にあったと考えられます。その政策遂行の性急さこそが問題です。明治維新は理念先行型の革命でした。つまりイデオロギーに領導《りょうどう》された革命でした。中心になった「下級武士」は、欧米に範をとった資本主義社会を日本に導入するのにあせっていました。

維新からの十年は、それこそ、いまからふりかえってみれば、よくもここまでの社会変化を強行できたものだとおどろくばかりです。廃仏毀釈《はいぶつきしゃく》、廃藩置県《はいはんちけん》、武士階級の廃止、土地の売買の自由化、学校制、徴兵制、西洋暦の採用、「両」から「円」へなど、また「ヘアスタイル」や服装まで、生活に密着したことがらがどんどんと変わっていきます。

前述したように、牛馬肉食禁止から奨励へ、という驚天動地《きょうてんどうち》の変換もそこにふくまれます。きのうまで、牛馬の肉を食べてはいけなかったのが、きょうからは食べろ食べろです。牛乳も飲め、チーズも食えです。「牛馬の肉を食べると神罰があたる」という教えは、なんと迷信だというのです。農民は農耕に必須の牛や馬を食べられてしまうと思ったことでしょう。

ひとつの文化のパラダイムが、もうひとつのパラダイムに移るドラスティック

廃仏毀釈

神仏分離令（一八六八年）以降、神道家が中心になって各地の寺院を破壊した。幕藩時代の寺の影響をそぐのも目的だった。この動きの中で、仏教イデオロギーによって支えられていた「こじき」「非人」はその存在理由を失った。

なまでの規範の組み換えです。しかし農民にはそんなことはわかりません。政策の意味を知っているのは、ひとにぎりの政府高官だけです。かれらは近代化の政策の意味を、日本の八五パーセントといわれる農民にちゃんと説明しなければならなかったのです。いまの言葉でいう「説明責任」があったのです。しかし、維新直後のころ、政策立案者から全国の人民へ伝達する経路はあちこちでとぎれていました。かつては幕閣《ばっかく》から各藩の大名につたえられたのですが、このルートも、政府みずからが廃藩置県でこわしています。全国的な新聞もまだない。学校もまだない。各地の役所すら、じゅうぶんに機能していません。農民は、地主と小作で知識のちがいはあるものの、基本的には闇夜《やみよ》に放置されたのです。

新政府の政府高官は、資本主義社会においては、大衆が文化形成に強い影響をおよぼすことにまだ気がついていなかったのです。社会の圧倒的な多数をしめる農民が、やがて明治近代の文化をになう重要なファクターになることに思いをはせることができなかったのです。

Q17 文明開化の強行で部落の運命は？

西欧化に困惑させられた農民たちは、部落の「解放令」をどのように受けとめたのでしょうか。維新後の三大敵への報復はだれにむけられたのでしょう。

明治維新後十数年間の農民の絶望感を、これまでの歴史学者はかるく見すぎていました。新政府側がつぎつぎと断行する施策の叙述に追われ、それらに対する農民側のリアクションを、かるくスケッチするにとどめたのかもしれません。

実際、時間がたってみれば、維新直後の農民の不満は、地主制と天皇制のうちに吸収され、やがて小作争議などを経てガス抜きがおこなわれたとみることができます。新暦《しんれき》への抵抗を、農民は「旧暦《きゅうれき》」を併用することで二十世紀中頃までつづけます。農村では「旧正月」や「旧盆《きゅうぼん》」のほうに熱心でした。そのほうが農作業のリズムによくあっていたといわれますが、習慣とないまぜになった意固地《いこぢ》さをそこに見たほうがいいでしょう。一方、徴兵制や学校制には、個人的な反発はながくのこっていても、権力の側の有無をいわせない強制に屈服させられてしまいます。

小作争議
小作料や農地の耕作権をめぐる紛争。明治末から各地で続発、昭和十二年頃までつづいた。農民は小作組合を結成して、地主や官憲と鋭く対立した。

明治以降の日本の文化は、政府の方針である欧化《おうか》への強制と、それへの復古派《ふっこは》知識層の反発が織りこまれてすすんで行くと思われていましたが、実際は、官僚層と農民層のせめぎあいによってつくられたのです。この両者のせめぎあいは、工業対農業、都市対農村、中央対地方というように対立軸を移しながら、ずっとこんにちまでつづいています。

両者の対立の最初のはげしいあらわれは、「解放令反対一揆」と呼ばれて知られています。すでに述べたように、一八七一年の八月に、明治政府は解放令を発します。「穢多非人等」の身分を廃止して、かれらがどこへ行き、どのような仕事をしてもいいとしました。江戸時代の「役《やく》」から解放しました。制度としての身分を廃止したのです

このあと数年にわたり、関西から九州にかけて、農民の一揆が起こります。新政府は、できたばかりの「徴兵制」による軍隊を出動させて鎮圧《ちんあつ》します。農民出身の兵でもって、皮肉にも農民をおさえることに成功したのです。

この一揆は、「解放令反対一揆」と呼ばれていますが、農民の要求は、学校制や徴兵制など新政府の諸政策に反対していたわけで、「近代化反対一揆」と正しく呼ぶべきです。つまり、一揆に立ちあがったかれらは、学校関係者の家や政府から派

解放令反対一揆

一八七一年（明治四年）八月に出た「解放令」への不満が直接の契機になった農民一揆。広く近代化（文明開化）への不満が根底にある。その最初の一揆は、同年十月十三日に姫路県（兵庫県）で起こり、五〇〇〇人ほどの農民や浪人が庄屋・豪農を襲った。翌一八七二年一月に深津県（岡山県）に、ついで中国地方、四国、九州で起こった。

遣されてきた役人の住宅を打ちこわしながら、県の「お役所」に抗議にむかうのです。二十歳になった次男以下の子を徴兵され、少年少女までも学校にとられては難儀《なんぎ》だと訴えるのです。新政府の急速な欧化政策にたいする不満を述べに行ったのです。外国人ばかりを重要視して、国の中心である自分たち農民を軽んじている役人に反省をもとめたのです。

農民には、「解放令」もまた欧化政策の一環に見えたのです。不幸なことに、最初にボタンをかけちがってしまうのです。農民は一揆にさいして、行きがかりの駄《だ》賃《ちん》に穢多村に火を放ったのです。竹槍で部落の子を刺し殺したり、村の指導者を火あぶりにしようとしたのです。

江戸時代では、農民と穢多身分はその「役《やく》」においてくっきりと分かれていました。穢多身分の者が、その「役」をきらい、農地を切りひらいて農民化する。このように脱賤化《だつせんか》をはかったとしても、おたがいの「役」の本質がかわらないかぎり、農民は平気でした。外見が農民とかわらなくなって区別ができなくなってあわてたのは武士階級のほうでした。そこで、柄《がら》のついた着物を禁じたり、胸にしるしの切れ端をつけるように命じたり、日傘《ひがさ》を禁じたりしたのです。

穢多村のほうが、本村の農民よりも裕福だった場合がしばしばあります。本村

柄物の着物の禁止

禁止令で有名なのが、岡山藩の検約令（一八五六年）で、「エタ」身分は柄物を着るのを禁じられ、「渋《しぶ》染《ぞめ》（柿色）」の衣服を強制された。藩の政策に反対した「エタ」身分が一揆を起こし、ついに藩は撤回した。渋染一揆《しぶぞめいっき》と呼ばれた。

で食えなくなった農民が穢多身分になった例すらあります。江戸時代にあって農民がそのことに平気であったのは、どんなに部落がゆたかであろうと、いい服を着ていようとも、だれとだれが穢多身分であるかがわかっていたからです。道で会えば、穢多身分の者は土下座《どげざ》して農民に頭をさげたからです。かれらがケガレを引き受けているとわかっていたからです。死んだ牛馬の皮を剥《は》ぐという仕事に従事していたからです。

しかし明治新政府は、農民と穢多身分を、解放令でもって同格としました。そればかりか皮革生産の仕事を殖産興業《しょくさんこうぎょう》として一般に奨励《しょうれい》したり、革靴の使用を薦《すす》めたり、ついには牛肉のすきやきまでも宣伝するのです。これでは、穢多身分のほうに農民が同化させられることになります。

農民は立つ瀬がありません。

おまけに、きのうまで、官軍は「攘夷《じょうい》」をいっていたのに、いまや、「夷狄《いてき》」の外国人と仲よくしている。交際しているばかりか、おどろくほどの高給で雇っている。このままでは、この瑞穂《みずほ》の国もめちゃくちゃになるのではないか。情報を遮断された農民はそんなふうに思ったのです。

維新後の農民の「三大敵」は、①新政府役人、②お雇い外国人、③穢多身分（新

殖産興業
明治新政府は国力を強めるために産業の興隆に力をいれた。

攘夷
外国人（外夷）をうちはらうこと。

夷狄
異民族をおとしめていう。

平民）ということになります。この三つの敵をむすぶシンボリックなイメージが牛馬食でした。

農民のリーダーは、このままでは日本がダメになる、農業はほろびるというべきところを、「このままでは、牛馬はみな連中（三大敵）に食われてしまう」といったのです。これは、当時の農民の心にぐさりとくる言葉です。

こういう判断があったからこそ、農民は死を覚悟して一揆に立ちあがったのです。一揆は、何カ所にもわたって起こっています。時期も数年にまたがりばらばらです。階級を失った武士の残党も入りこんでいますが、不平武士の反乱とはちがいます。農民は自分たちの世界観を信じて決起したのです。場所も時期もばらばらだということが、農民の置かれている状況の共通性と運動の自主性とをしめしています。

しかし、一揆は武力制圧されます。

各地でてんでんばらばらに起こった一揆は、おたがいに連帯できなかったためにおしつぶされます。新政府も御用歴史家も、この開化反対の一揆を、時代の流れに逆行するものとして無視しようとします。無知な農民のおこした反動的な一揆だととらえ、その意味を充分に考えようとはしませんでした。しかし、外部からの煽《せん》動《どう》によらないで、農民みずからの判断でおこした一揆の意味を、過小に評価してはなりません。

武力には屈服しましたが、そのことで農民が考えを改めたというわけではありません。怒りはうちにこもったままです。その怨恨《えんこん》がどこにむかうのかは明らかです。新政府は、地理的にはともかく心理的には遠い。おまけに軍隊や警邏《けいら》で守られています。「外人」は居留地《きょりゅうち》のなかにいてかんたんには会えません。

農民がその胸のうちの憤懣《ふんまん》を吐きだせるのは、川向こうにいる穢多身分の人だけでした。ついこのまえまで農家のひさしよりなかに入ってこなかったし、玄関の敷居《しきい》のそとから挨拶をしたものです。お金をかれらにわたすときはポンと投げあたえればよかったのです。村の飲食店に入ってくることもありませんでした。それが、維新後はなんとしたことでしょう。いまや新年のあいさつに敷居をまたいで入ってくるし、堂々と道を歩いている。飲食店にきて農民と同席する者さえいます。

農民の怒りは日常の次元でかきたてられたのです。

解放された穢多身分のよろこびなどは問題外だったのです。新平民になった人がおずおずと敷居をまたいであいさつにきていることなど察したくもなかったのです。そして、農民は、「開化」に対する反発を穢多身分に集中します。

居留地
外国人に居住し商売することを許可した一郭をいう。東京、神奈川、大阪、兵庫、長崎、新潟、函館に設けられ、一八九九年（明治三十二年）までつづいた。

Q18 部落差別は都市へ運ばれて行ったのですか?

農民の間で形づくられ根付いていった部落差別は、どのようにして都市の生活の中に入り込んだのですか。都市と農村の関係はどのようなものだったのですか?

維新後、しばらくのあいだ、日本の文化は、古いものと新しいもののせめぎ合いでした。新旧ふたつの葛藤《かっとう》は、いつの時代にもついてまわりますが、一八七〇年代からしばらくは、とくに激しかったのです。

変化は政治経済に始まり、生活の細部にまでおよびました。

都市と農村の関係も深刻化します。

鎖国時代の都市は農村にかこまれています。都市の市《いち》に各地の農産物や工芸品や漁業の収穫がもちこまれて交換されました。参勤交代《さんきんこうたい》の制度もあって、各藩の風習や祭典《さいてん》が江戸に流入します。日本各地の農本的な文化が都市に流れこみ、衝突し、城下に独自の文化がはぐくまれました。

維新後、東京に流れこんできたのは、欧米の文化であり文物《ぶんぶつ》でした。このとき、日本の都市はこれまでと様相を一変します。都市が文化の発信源になったのです。だれよりも早くニュースを知るためには、「上京《じょうきょう》」するにかぎるようになります。

しかし、それでも農本主義的な思考はずっと沈殿したままのこっていました。歴史はいつも単線ではないのです。明治維新がたんなる開化思想から出発したのではなくて、「王政復古《おうせいふっこ》」という超反動的なスローガンを合わせ持っていたのとおなじです。

八五パーセントの農民を支配するための方便だったのでしょうが、維新後も日本は、「文明開化」といいながらも、「瑞穂《みずほ》の国」であると強調しています。貨幣の裏には稲の文様《もんよう》が刻まれました。学校でもまた、第一次産業である農業の大切さについてくりかえし教えたのです。天皇は大化の改新のころから「農民の王」でしたから、農本主義に協力して見せました。つまり、大きな流れとして都市が情報の発信地になりましたが、農本主義的な習俗はあいかわらず都市をつつみこんでいました。「部落差別」もそのなかのひとつでした。農民が部落に対していだいたあの思いが、都市につたえられました。

解放令後の農民の意識を記した一文がちょうど手もとにあります。少々、ながいですが、ぜひ読んでください。書いたのは、日露戦争のおりに非戦論を唱えた

農本的な文化

農業を第一に考え、その過程で生成されてきた風習・慣行・学問などをいう。農本主義とか農本思想とも呼ばれる。

都市と農村の関係

被差別部落は、そもそもは、農村の問題だった。死牛馬獲得という役において、農村に強く結びつけられている。

城下町にある都市部落は目立つので有名になるが、圧倒的に多数の部落は農村にある。このことも、部落が農民の意識の反映を強く受けることになり、部落の解放がおくれた理由になった。都市部落がスラム化して、「エタ」部落だったのかどうかわからなくなったのにくらべて、農村の部落は、維新後百数十年をすぎても、そのかたちがいまに残っている。

木下尚江《きのしたなおえ》です。

自伝小説『懺悔《ざんげ》』に出ていました。

「其村の旧名主の家に凶事が出来たのである。今まで彼等穢多族《えたぞく》の者は、斯《か》かる場合にも只《た》だ其の家の土間に跪《ひざまず》いて弔礼《ちょうれい》を行ふ外、縁端へすらも上がることを許されなかったが、今度旧名主の家に不幸が出来たに就《つい》て彼等穢多族は顔を集めて相談の結果、我々も既に足を洗つて同じ人間の仲間入りをした上は、少しも遠慮をすることは無い。斯《こ》う云う場合に他の村民と同一の権利を取るのが肝要だと云ふことになつて、一同揃つてヅラリ畳の上へ坐り込んだ。居合はせたる他の村民は何《いず》れも眉をしかめて忌《いや》な顔をしたけれど政体一変の今日は最早《もはや》之を逐《お》い払うこともならぬので、只だ席を避けて横を向いて居る外は無かつたのである。やがて来客一同へ酒を振舞う時刻になつた」

まだ引用をつづけますが、ここまでの文には、解放令が穢多身分の人と農民にあたえた影響がくっきりと描かれています。

穢多身分の人は「解放令」にしたがって、この機会に「村民と同一の権利を取るのが肝要」と考えます。一方、村民は、いままでは穢多身分を、「最早之を逐い払うこともならぬ」と考えます。追い払うと法令に違反するからです。だから、追い

農民人口の割合

農民が全人口に占める割合には、諸説がある。エタ身分で農業に従事していた者もいるし、商工を兼業している農民もいた。八五パーセントは概略の数字と考えておく。

木下尚江

一八六九年（明治二年）に長野県松本市に生まれる。足尾銅山の鉱毒問題などで活躍。小説に「良人の自白」など。『懺悔』は一九〇六年（明治三十九年）刊。一九三七年（昭和十二年）没。

はらえません。にもかかわらず、むかついています。眉をしかめたり、横をむいたりしています。

いよいよ酒が出る刻になります。次のようなことがほんとうにあったのです。

「旧穢多族のものも肩肘張つて其の席に列《つ》らなつた。見ると他の村民の前には徳利と盃とが出て居るが、旧穢多族の前のみには何も無い。如何《どう》したことだと不審がつて居る所へ、其家の主人が立ち出でて一同へ厚く挨拶に及んだ。そしてワザワザ大声に下男を呼んで小児の便器を能《よ》く洗つて持ち来ることを命じたのである。酒席へ便器とは何事ぞと何《いず》れも怪訝《けげん》な面を見合つて居る所へ下男は洗い立ての便器を恭《うやうや》しく持つて来た。主人は更に命じて其の便器へなみなみと酒を注がせて、其れを横柄《おうへい》に旧穢多族の面前に突き出した。旧穢多族の輩は顔を真赤にして其の無礼に立腹した。すると主人は厳格に構えて『貴様達も足を洗へば最早や不浄で無い通り、便器も洗へば矢張《やは》り不浄なことは無い』と言い渡した。列坐の村民は手を拍《う》つて小踊りするばかりに主人の頓才《とんさい》を称賛し、彼等穢多族は畳を蹴立てて帰つて仕舞つた」

これに似た話は、当時はよくありました。弾左衛門が自分たちの住んでいる場所を「肥担桶《こえたご》」にたとえたエピソードも残っています。ときには、役人が善意から穢多身分の人を川につれて行き、禊《みそ》ぎをさせたこともあります。体や住む場所に「ケガレ」がしみこんでいるとイメージしたのでしょう。

このような話を今になって読むと、なんとひどいことをしたものかとあきれるばかりです。気をつけなければならないのは、その当時は、これが当たりまえだったということです。もしさきの主人が、「旧穢多族」に理解をしめして、村民と平等にあつかったならば、この主人が村民から非難を受けたでしょう。

近代の黎明期においては、右のように、農民はみんな「旧穢多族」をきびしく拒絶しなければなりませんでした。なんどもくりかえしますが、そうするのが当時は自然なのです。それが農民の文化なのでした。この「差別を当然だとする文化」が都市へともちこまれ、そこからあらためて全国に発信されたのです。木下尚江の右の小説もその一例になったのです。

Q19 近代の文化が差別をふくむのはなぜですか？

部落差別が近代の文化に織りこまれ、「あたりまえ」のこととして流布されるなかで、人々はどのように差別を認識し、克服しようとしたのですか？

数十年まえまでは、部落差別の行なわれるわけを、封建制の名残《なごり》だという学者や運動家や作家がたくさんいました。明治維新を中途半端な近代革命として理解する人たちでした。講座派と呼ばれる人で、部落はその範例《はんれい》のひとつと理解されたのです。ずいぶん不合理な差別ですから、そういいたくなる論者の気持ちもわからないわけではない。部落に関する情報が農村から都市へと流れこんできたことも、部落差別が封建時代の遺制《いせい》のように見えた原因かもしれません。

江戸時代の部落の人は、その役をちゃんと勤めているかぎり、賤視されても憎悪までを浴びせかけられることはありませんでした（↓Q12）。穢多身分の人に対する農民のにくしみは、開化の政策が強行されるなかで、むかしよりもつよまったのです。農民の部落に対する憎しみは都市にもちこまれ、農民のいだいていた部落

講座派

明治維新を不徹底なブルジョア革命とし、封建的なものが根強く残存すると主張。共産党系の理論で、「労農派」（社会党系）と対立した。

観が幅をきかすようになります。農村から出てきた文筆家が、部落がおどろおどろしい場所でもあるかのような小説を書いたりします。

部落をよく知り、その解消にむけて動きださなければならないとき、逆に、部落を忌避《きひ》するイメージが都市にひろまってしまったのです。そのイメージはこんどは、都市から農村に印刷物などを通して逆流します。

このようにして、近代の文化のなかに「農民の部落観」が取りこまれ、マイナスのイメージが強化されたまま存続してしまいます。

この状態から部落を救いだすには、イデオロギーの力が必要になります。まずはキリスト教徒が部落の悲惨さに気がついて世間に訴えます。アナーキストや社会主義者も気がつきます。それに、同情から部落の救済に乗りだしてくる人道主義者もいました。そういった人たちが部落解放の柱にしたのが、「平等」の概念でした。

明治維新は、西欧の近代をお手本にした革命でした。自由・平等・友愛の概念は、できたばかりの新聞雑誌によって宣伝されました。その平等の概念に照らしたとき、部落民は、自由でもなければ平等にも扱われていない、と一部の人びとが気づいたのです。つまり、部落民が差別されていることを、あらためて発見したのです。部落民自身も、いっこうに解放されてない自分たちの現状を認識できたのです。

　プロテスタントの伝道師が部落民の救済に力をつくし、融和主義《ゆうわしゅぎ》の人たちが政府や役所のお偉方《えらがた》にはたらきかけて、集会や講演会をもちます。部落の若い青年が自分たちの手で解放を勝ちとる運動をはじめます。これらのイデオロギーの根本は「平等」の概念です。福沢諭吉らの「天は人の上に人を造らず」の思想や、五箇条《ごかじょう》の御誓文《ごせいもん》なのです。

　見方をかえれば、「平等」を信奉する社会ができたため、平等でないものをさがす視線を人びとはもちました。それで、差別に気がつくのです。近代の社会では、差別はいいことかどうかを問わなくても、平等ではないから悪いということになったのです。いいことかどうかをいったん問いはじめると、それは近代社会の文化全体を問い直すことになるからです。

　わたしが差別について考えはじめたとき、ヨーロッパの思想家が差別をどうとらえているのか知りたくなりました。まだマルクス主義の影響が強いころです。マルクス主義が、弱者の立場に立つ正義の思想なら、差別についての理論が述べられていて当然だと考えたのです。しかし、わたしのもとめていたようなものはありませんでした。実存主義の思想も同じです。ユダヤ人についてのわずかな論考がある

融和主義
　大正から昭和の前半にかけて、部落差別の原因を一般社会の無理解にもとめ、また部落の側にも生活改善をもとめ、双方の「融和」をはかった運動。

五箇条
　一八六八年（慶応四年）三月に宣布された。「上下を一にして」とか「官武一途庶民に至る迄」とか、背後に平等概念がうかがえる。

ぐらいでした。むしろ、アメリカ合衆国の黒人が当時書きはじめていた本のほうに、差別の問題が直截《ちょくせつ》に論じられていました。黒人の姿は白人には見えなくされていると気がついたリチャード・ライトや、ボールドウィンの小説、マルチン・ルーサー・キングやマルコムXらのスピーチのテーマは、差別についてでした。彼らは白人の文化を攻撃してやみませんでした。

マルクス主義は、近代の総体を革命しようという思想です。労働者が資本家に搾取され、労働そのものからも疎外を受けているのを憂えて、そうでない社会をつくろうというものでした。そのような社会ができれば、差別の問題など、一朝《いっちょう》にして解決すると考えていたのです。しかし、これは大きなまちがいでした。階級を廃絶する問題と、差別をなくす運動とは、まったく別のレベルのことだったのです。

階級を廃絶するということは、近代を越えることです。差別とは、近代という枠内での問題です。マルクス主義者から見れば、差別反対の運動はさらなる近代化で、改良主義でしかありません。この近代という枠組みを変えることを選ばないで、近代を完成させようとしているのが差別反対の運動なのです。しかし、社会主義運動と反差別の運動の混同の歴史は長くつづきました。部落の青年による自主的な解放運動にも、その後の解放運動にもバッチリと混同があります（↓Q5）。

階級対立と差別

階級の問題と差別のちがいを図にした。Ⓐと Ⓑのスクラムの必要をマルクス主義者がいうとき差別の問題は見えなくなる（もちろん、反差別の運動だけだと階級対立が見えなくなる）。

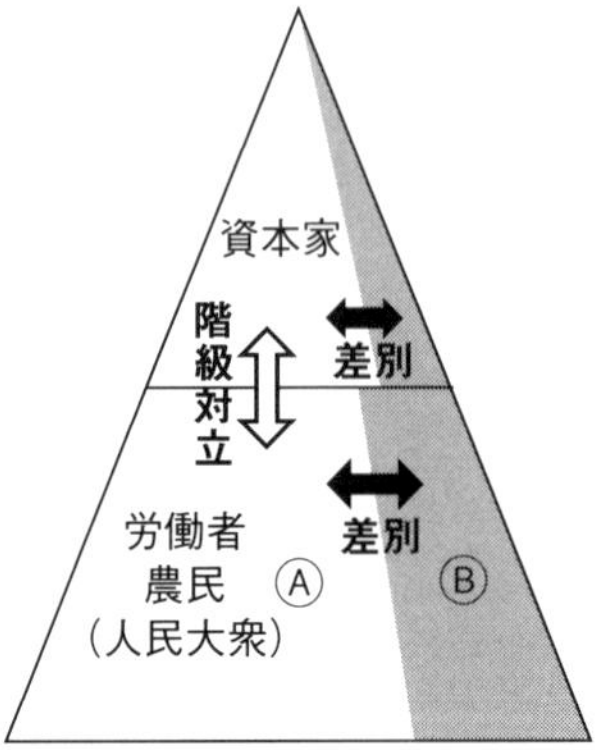

（図中網点部が被差別者）

Q20 「表現の自由」と「差別語禁止」の関係は？

差別を告発していく時、しばしば「表現の自由」との間に折り合いのつかない対立が生まれます。同じ権利としての二つの関係をどう考えますか？

差別の問題が、権力闘争の課題ではなく、文化の質の問題だと今日では広く了解されています。

第一次大戦後の日本では、行政の側も差別をなくしていこうとしはじめます。第二次大戦後は、一部の政党からの熱心な働きかけもありましたし、市民団体がねばり強く要求した結果もあるでしょう。新しい日本国憲法も支えになり、いずれにしろ権力の側も差別を許容するわけにはいかない社会になりました。

差別の問題は、制度的・経済的な面での解決はどんどん進み、ますます文化の問題になりました。市民たちが共有する規範の問題になったのです。頭の中身が問われるようになりました。頭のなかはそのままでは見えませんが、人々の表現に現れます。会話、仕草、表情、声、それから、書かれたものや映されたものに現れてきます。手紙、パソコン通信、チラシ、パンフレット、落書き、コミック、ドラマ、ニュース、記事、小説や評論など、表現されたもののどこにでも、頭の中身がでてきます。

情報が過密になり、巨大な発信装置が生まれることで、表現の問題は社会的な事件を引きおこすまでになりました。自分の小さな頭の中身が、巨大な発信装置で増幅されて巨人の頭脳として通用してしまうケースが現れます。

普通、この巨大な発信装置においては、そこに入れるソフトは自由ではありません。好きなことをやっていると、すぐにマスである大衆から見はなされ、マスではなくなるからです。わたしが、マスメディアの発信者は、受信者の大衆と等号で結ばれるという、これがその意味です。

日本中に一瞬のうちに情報を送ることのできるテレビや、それにつぐ新聞などが、このとき送信内容に敏感になるのは当然でしょう。差別の問題にかぎれば、被差別者が傷つくような表現をするわけにはいきません。そのために差別表現の規制を率先して行なうようになります。マスコミ各社とも、「用語規制」の手引きのようなものを作り、社員に配布し、人権に配慮するよう注意をうながします。情報の受け手である市民大衆の顔色をうかがった上での処置だといえます。

※マスメディアと用語規制についてのくわしい説明は河出文庫『差別語とはなにか』を参照。

ここでは、ポルノグラフィーを例にとり、禁制と自由との関係について考えて見ましょう。まずは、ポルノというジャンル一般ではなく、その個別の表現について考えましょう。ポルノ写真でも、ポルノ小説でも、ポルノビデオでも、身障者を差別した表現がありますし、幼い者をあつかったり、黒人やアジア人への差別もあります。これらの個々の表現は、ポルノだからしかたがないと見すごされているのでしょうか、あまりチェックを受けていないようです。わたしは、それぞれの被差別者集団が、いたずらに被差別者を傷つけるようなポルノ表現にはきつく抗議して、あらためさせるのがよいと思います。

ポルノと差別の問題で、いちばんむずかしいのは、テーマが性差別の場合です。これは、ポルノを正面きって楽しんでいるのが男性だというところからきています。女性が、ポルノがきらいだということはけっしてありません。性差別の結果、主として男性しか楽しめないものとなっているのです。長い抑圧の歴史が、女性をポルノからしめだしたのです。

そして、ポルノ情報の受け手がほとんど男だということが、今日のポルノの内容を規定したのです。男たちが見てよろこぶもの、男たちが高いカネを支払ってでも買ってくれるものがポルノの内容になります。

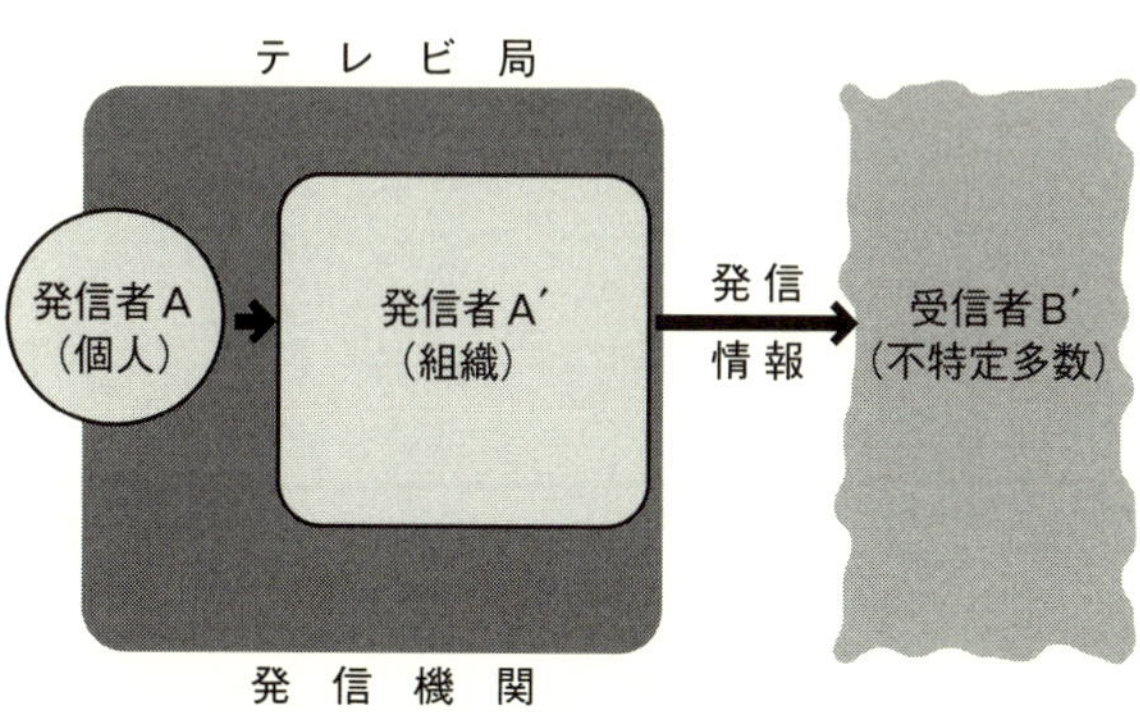

マスメディアによるコミュニケーション図式

テレビ局から発信された情報はB′によってチェックを受ける。これが視聴率。A′がマスメディアであるためにはB′の好みによって規制を受ける。A′とB′は限りなく似てくる。

男が見たがるもの、読みたがるものといえば、ときには同性の裸体のほうが好きだという男性もいますが、異性のセクシーな姿を求める人のほうが多い。そこで、女性が被写体になります。どういう姿態がいちばん惹きつけられるかというのは、これも文化に所属する問題です。江戸時代と今日とではちがいます。構図とか、衣装とか、表情とか、露出度とか、誇張の仕方とかがちがいます。女性に対する男性の関係の持ち方が、ちがいをつくりだしているのです。

男性が女性に対して抱く優越感も劣等感も、ポルノに反映します。実社会の性差別が表現にもちこまれ、被写体の女性が差別的に描かれたり、それを見る人に「性差別」を教育することになります。

女性が虐待されている写真を見たがる人には、そのような写真が用意されています。女性が虐待されてよろこんでいる場面を書いた小説も売っています。絵や文字やフィルムの世界で女性がモノのように扱われています。これらの表現を、ポルノのコードに習熟してない女性が見た場合、はげしいショックと侮辱を感じます。女性はポルノというジャンルからもはずされ、しかもポルノのうちでも侮辱される。つまり、二重に差別されるのです。

最近、女性が家庭で受ける男性からの暴力の実態が、しだいにわかってきました。これまではイエ意識にとらわれて、家庭の恥を世間から隠していたのですが、やっと発信できるようになったのです。父から殴られたとか、夫から屈辱的な言葉を浴びせかけられたとか、性交渉を強要されたとか、レポートは多岐にわたります。また、家庭の内外を問わないで、性的な暴力が問題になっています。セクハラも、そのひとつです。

女性のこうむる性暴力に対して、アメリカのある女性弁護士は、それらはポルノグラフィーの影響であるとしました。ポルノを見たり読んだりして、男たちはそれを実行に移したというのです。この弁護士は、ポルノを法的に規制する運動をアメリカでつづけています。日本にも来て、そのことを女性に訴え、かなりの共感を得たようです。

しかし、わたしは、今日の差別解消の戦術としては、この女性弁護士はまちがっていると思います。バイオレンスな映画が、男たちを暴力行為に駆り立て、好戦的な態度を植えつけるという説がありました。少年が事件をおこすと、しばしば、残虐なビデオやテレビゲームやインターネットが影響をあたえたのだとされます。しかし、それらを見ている人でも、おとなしい人もいますし、バイオレンスな映画を見ない人でも暴力犯罪をおこします。どのような表現でも、受け手に影響をあた

キャサリン・A・マッキノン
アメリカのフェミニスト法学者。著書に『フェミニズムと表現の自由』(一九九三年、明石書店)『ポルノグラフィと性差別』(二〇〇二年、青木書店)などがある。

えるわけですが、それがすぐに行為とむすびつくわけではない。バイオレンスな映画が、破壊衝動を発散させてくれることも考えられます。

もっというならば、バイオレンスな表現がなくなると、暴力のふるわれるケースが増えるのでしょうか減るのでしょうか。女性に対する暴力もふくめて、バイオレンスな事件の増減には、社会の景気の動向や、戦時下や災害時などの現実があたえる影響のほうがつよいのではないでしょうか。

さきのアメリカの女性弁護士が、心底からポルノにおける性差別をにくんでいるのはわかります。だから彼女の言葉は多くの女性の共感を得ています。ポルノのもたらす影響をだまっていていいのか。それを見て興奮した男たちが、見さかいもなく女性を侮辱し、少女や少年を傷つけている。ポルノグラフィーを廃絶すべきだということになります。それを弁護士らしく、法制化でもってポルノ規制を実現しようというのです。

ただ、ポルノというジャンルの総体を否定するのは、どうなのでしょうか。ジャンルの総体を否定するのではなく、女性が虐待されているビデオ、幼女のいたいけな裸体写真、イエローキャブといった差別語、黒人の性器神話などの個々の表現を告発する、そして、その過程でポルノからはじき出されている女性のあり方も変

イエローキャブ
本意はアメリカのタクシーだが、「黄色いタクシー」で、日本の女性はアメリカ人と「すぐ寝る」「誰とでも寝る」という意味に使用される。

えていく。そういうふうにすべきではないでしょうか。

さらにいえば、ポルノという社会的に疎《うと》んじられている表現をねらわないで、大新聞やテレビや法令や教科書、広告などに隠されている性差別こそ、問題の中心に置くべきではないでしょうか。今の社会に性差別があるということは、すべての表現のうちに、その構造があるのです。影響力の大きいものこそ批判するべきです。このアメリカの弁護士にまずやってもらいたいのは、アメリカの軍隊を描いた映画などに構造化されているマッチョの文化です。「性差別国家ＵＳＡ」の告発です。

マッチョ
男っぽいと思われる行為。大胆・豪快・たくましい・猛々しい。保護者ふうのふるまいなどに価値を置く考え方。

Q21 差別はタブーフリーで解消するのでしょうか？

差別をなくしていく上で、法律による規制という手段は常に出てきますが、なじめません。差別をなくすにはタブーをなくすことから出発するのがいいのです。

ポルノの法的規制の是非を見てきましたが、日本での部落解放運動にも、第二次大戦前ですが、差別語を規制する法律をつくろうとするうごきがありました。これは実現しませんでしたが、それでよかったのだとわたしは思います。ある差別語をつかったとたんに逮捕されたり、罰金を支払わされるというのでは、たまったものではありません。それで差別がなくなるのならいいのですが、法によって差別はなくならない。その例を日本国憲法を例に引いて述べました（↓Q15）。

ポルノを禁止するのも同じです。ポルノがつくれなくなると、どこかの州か、どこかの国から密かに持ちこむ人がふえるだけです。ポルノが法外な値段で取引されるだけでしょう。

わたしは法律にうといため、ある朝、新聞の見出しに「淫行処罰規定《いんこうしょばつきてい》」という文字を見てびっくりしました。一気に目がさめたのです。「淫行」という字が強烈でした。いまだにセックスを淫行と思っている人がいるのか、この言葉をいまなお使用している人はどんな人なのだろうかと思い、この言葉が好きな人の家庭はどんなのだろうかと首をひねり、また、この規定をつくるために会議を開いた人たちはどんな表情で「淫行」「淫行」と言っているのだろうかとおかしくなりました。男社会特有の無表情な顔ですましていながら、胸のうちでワイセツな気分になった人もいたでしょう。「淫」という字は、みだらで、色事に耽溺《たんでき》し、深入りしてとめどもなくなるイイ気分のことを意味しているからです。

彼らは、この「淫行」とともに、もうひとつ、「不健全図書類の規制」の強化も考えているのです。「いかがわしい」写真などを取り締まろうというわけです。なにがいかがわしいかは、たぶん彼ら（主として男）だけが正確な判断をくだせるのでしょう。

わたしは、権力につらなる機関が表現に規制を加えることには反対です。その場合は、「表現の自由」という概念を使用して抗議して行くべきだと思います。そして、差別の問題に関しても、法的な措置は最小限におさえるほうがよいと思います。新聞社やテレビ局が社内向けに禁句集を作るのは勝手ですが、法的に人をしば

るかたちにしてはいけない。なぜなら、差別の多くは制度の不備によるものではないからです。もしそうなら、差別の解消も簡単です。そうではなく、差別はくりかえし述べてきたように文化の問題なのです。文化の内容を変えていかないといけないのです。

わたしは、近代の差別についてつぎのようなイメージを持っています。どんなテーマの差別でもよいのですが、部落差別を例にとりましょう。

復習になりますが、近代の始めには部落民が差別されても、だれも疑問をおぼえませんでした。「解放令」で制度的に存在しなくなっても、この意識はかわりません。それどころか農民の差別心は余計《よけい》につよまったのです。「差別心」という言葉をつかいましたが、実際には、差別しているという意識もなかったはずです。穢多身分の人がケガレているというのは、太陽が東から昇るのと同じぐらい正しかったのです。

この農民の考えを打ち破るためには、何人かの先駆的な人の、「そうではない」というイデオロギーが必要でした。そして、その先駆的な人をたすけたのが、「平等」という近代社会の根本をなす概念だったのです。多くの人の努力が百年以上もつづきます。しだいに、「部落差別はよくない」という人がふえてきます。いまでは、部落民を差別するのは太陽が東から出るのと同じくらい自然だといえる人はすくなくなったのではないでしょうか。これらの意識の変化をもたらしたものは、経済的な発展もつよい影響をおよぼしましたが、やはりおおくの人が部落について語る機会をもったからです。

いま、差別したがる意識と、それを否定するイデオロギーが、日本文化のフィールドで日々闘っているのです。ネットのうえで、部落を揶揄《やゆ》する書き込みと、それをいさめる意見が交互に顕《あらわ》れるのとおなじです。部落差別ばかりではない。外国人差別、女性差別についても事態はおなじようにうごいています。

そして、「平等」を基本概念にかかげた近代社会においては、どのような差別も、ひとたびテーマとして問題にされると、そのうち解消にむかいます。その一方で、これまで気がつかなかった差別が発見されて浮上してきます。人びとはこんどはその解消にふたたび努力するのです。

差別は、近代がその成立と同時にかかえこんだ問題です。そして近代がつづくあいだ、ずっとくっついてくる問題です。ひとたび差別の訴えがあがれば、そのことで苦しんでいる人たちを一刻も早く解放しなければなりません。苦しんでいる人の救済に、マスメディアをふくめて、みんながむかう。まずはそこへ行って実態を知り、当事者と言葉をかわすのです。見て見ないふりをしない。タブー視していては、絶対になにもかわりません。被差別者をいつまでも闇のうちに放置することになるだけです。

あとがき

回想から始めます。

政治組織と接触を持ったのはわずかな期間ですが、一九六〇年（昭和三十五年）ごろ、わたしは二十《はたち》すこしすぎでした。安保反対闘争が盛り上がるなか、朝鮮総連の人とも会いました。かれらは在日の北朝鮮への帰還運動に力をいれていました。いまでは、日本人妻の悲運が強調されて評判はわるいのですが、万歳（マンセー）の声に送られ、必死の面持ちで祖国へ戻って行ったのです。わたしと同年齢の男女もたくさんいました。「祖国」とはいえ、見知らぬ土地です。歓送会には、ほかでは見られない緊迫した熱気が充満していました。在日の困苦の歴史がぎゅっとつまっていました。

部落解放運動の支部の人と話す機会も同じころにありました。まだ劣悪な環境が残っていた時代ですが、集まってくる青年は快活でした。「遊びにこい」と熱心にさそっていただきました。もちろん、遊びに行きました。

そのころ、わたしは『黄色い国の脱出口』という、部落を主題にした小説を書いたので、引きつづき部落について書くよう注文を受けました。四十代の後半の数年間は、東映の教育映画の誘いで、「同和映画」のシナリオを書いていました。このとき、北九州から四国、神戸など各地の部落を案内されました。もう改良が進んでいました。道幅がひろくなり、市営住宅に似た住まいになります。立て込んだ家屋をブルドーザーがあっというまにこわして行く光景にも立ちあいました。やがて差別語論争が過熱して講演に呼ばれるようになると、出かけるたびに、そこの部落をたずねました。案内されもしました。

五十年にわたる体験がいつのまにか脳内に折りたたまれ、どの場面もいまなお新鮮です。つまり、戦後の部落については生々しすぎるので、だいたい戦前で筆を置きました。こんど、右のような体験を反芻しながら、戦後の部落はいったいどのような歴史をたどったのだろうかと考えました。たくさんの本が出版されていて、いくつかは参考にしましたが、その多くは運動体の歴史か総括で、部落民大衆の実際の生活を記録したものはすくない。今後、わたしと同年輩か、先輩になる部落の人が書き残した日記のようなものがあって、それが公表されればいいと妄想しています。小学校での体験、仕事の話、結婚や子育ての経緯、近所づきあい。両親や親戚や先祖のこと、環境の劇的な変化がもたらしたもの。不正、怠惰《たいだ》、貧困、豪奢《ごうしゃ》、質朴《しつぼく》、男と女について書いてあれば興味をそそります。一級の歴史資料になるでしょう。

部落差別はずいぶんと減りましたが、部落はあるわけです。過疎でなくなった部落も多いのですが、すべての部落がこれから消えてしまうわけではありません。歩いて行けば、ここからは部落だという実体はあるわけです。なん年たってもそうなのです。ふるさとなのです。女性差別がなくなっても女性はいるのです。

風通しをよくすることが大事ではないでしょうか。近隣の人たちと「部落とはなにか」という問題意識が共有される。むつかしい理論ではなく、そのことが目に見えればいいのです。耳に聞こえればいいのです。そのため、いまは部落のほうから「露出」していく時だと感じます。わたしはＮＨＫに対して部落をタブーにするなと言いつづけてきましたが、思えば、

ＮＨＫがふれないのなら、部落の人が部落の現状や個人の歴史、生活の些事《さじ》を語ればいいはずです。

部落に入ったことのない人、部落民と話したこともない人、そういう人はいろいろと知りたいのです。「部落に入ったことのない人、部落民と話したこともない人」という言い方に不快をおぼえる部落の人がいるのはわかりますが、そう思うことの背後には、恥の感覚が隠れてないでしょうか。いいのです。部落を知りたい人にむけて語ればいいのです。冬のすきま風にふるえていたこと、白山神社の境内で三角ベースをした少年時代について、隣町の少女にどうしても声をかけられなかったこと。聞いているほうにも、同じような体験があるのです。おしゃべりすれば、平べったくてフランクな関係が生まれる地点に、わたしたちはすでにたどりついています。

二〇一二年秋

〈著者略歴〉

塩見　鮮一郎（しおみ　せんいちろう）

1938年、岡山県生まれ。現在、東京都練馬区在住。著書に『西光万吉の浪漫』（解放出版社、1996年）、『異形にされた人たち』（三一書房、1997年）、『浅草弾左衛門（前三巻・全六冊）』（小学館文庫、1999年）、『喜田貞吉と部落問題』（三一書房、1999年）、『車善七（全三巻）』（筑摩書房、2004年）、『脱イデオロギーの部落史』（にんげん出版、2005年）『プロブレムQ&A新・部落差別はなくなったか？』（緑風出版、2011年）などがある。

プロブレムQ＆A
どうなくす？ 部落差別《ぶらくさべつ》
［3.11以降の差別を考える］

2012年11月26日 初版第1刷発行 定価1700円＋税

著 者 塩見鮮一郎©
発行者 高須次郎
発行所 緑風出版
〒113-0033 東京都文京区本郷2-17-5 ツイン壱岐坂
〔電話〕03-3812-9420 〔FAX〕03-3812-7262 〔郵便振替〕00100-9-30776
［E-mail］info@ryokufu.com
［URL］http://www.ryokufu.com/

装 幀 斎藤あかね カバーイラスト Nozu 本文イラスト 堀内朝彦
組 版 R 企 画 印 刷 シナノ・巣鴨美術印刷
製 本 シナノ 用 紙 シナノ・大宝紙業 E1500

 ISBN978-4-8461-1218-9 C0336

●緑風出版の本

■全国のどの書店でもご購入いただけます。
■店頭にない場合は、なるべく書店を通じてご注文ください。
■表示価格には消費税が加算されます。

プロブレムQ&A
新・部落差別はなくなったか？
［隠すのか顕すのか］
塩見鮮一郎著

A5判変並製
二一六頁
1800円

部落民は「見えない人間」になりつつあり、マスコミもふれようとしない。部落問題については、隠せと顕せ、のふたつの主張が繰り返されてきた。部落差別もまた、他の差別問題と同様に顕すことで、議論を深め、解決していく必要を説く。

プロブレムQ&A
問い直す「部落」観
［日本賤民の歴史と世界］
小松克己著

A5変並製
二五六頁
1800円

これまで教育現場・啓発書等で通説となっていた近世政治起源説は、なぜ否定されなければならないのか？ 部落問題は、どのようにして成立し、日本の近代化のどこに問題があったのか？ 最新研究を踏まえ部落史を書き換える。

プロブレムQ&A⑫
問い直す差別の歴史
［ヨーロッパ・朝鮮賤民の世界］
小松克己著

A5変並製
二〇〇頁
1700円

中世ヨーロッパや朝鮮でも日本の「部落民」同様に差別を受け、賤視される人々がいた。本書は、人権感覚を問いつつ「洋の東西を問わず、歴史の中の賤民（被差別民）は、どういう存在であったか」を追い、差別とは何かを考える。

プロブレムQ&A
在日「外国人」読本［三訂増補版］
［ボーダーレス社会の基礎知識］
佐藤文明著

A5判変並製
一八四頁
1700円

そもそも「日本人」って、どんな人を指すのだろう？ 難民・出稼ぎ外国人・外国人登録・帰化・国際結婚から少数民族・北方諸島問題など、ボーダーレス化する日本社会の中のトラブルを総点検。在日「外国人」の人権を考える。

プロブレムQ&A
アイヌ差別問題読本［増補改訂版］
［シサムになるために］
小笠原信之著

A5判変並製
二七六頁
1900円

二風谷ダム判決や、九七年に成立した「アイヌ文化振興法」など話題になっているアイヌ。しかし私たちは、アイヌの歴史をどれだけ知っているのだろうか？ 本書はその歴史と差別問題、そして先住民権とは何かをやさしく解説。最新版。

アイヌ共有財産裁判
小石一つ自由にならず

小笠原信之著

四六判上製 二六四頁 2200円

アイヌの大地を奪った明治政府はわずかな下賜金等を与えた。その「アイヌ共有財産」はずさんな管理の結果、わずか一四七万円。「旧土人保護法」の廃止で返還されることになったが、アイヌの人々の怒りが爆発、裁判に。その闘いの克明な記録。

アイヌ近現代史読本

小笠原信之著

A5判並製 二八〇頁 2300円

アイヌの歴史、とりわけ江戸末期から今日までの歴史を易しく書いた本は、ほとんどない。本書は、さまざまな文献にあたり、日本のアイヌ支配の歴史、アイヌ民族の差別との闘い、その民族復権への道程を分かりやすく書いた近現代史。

プロブレムQ&A
戸籍って何だ
［差別をつくりだすもの］

佐藤文明著

A5判変並製 二六四頁 1900円

日本独自の戸籍制度だが、その内実はあまり知られていない。戸籍研究家と知られる著者が、個人情報との関連や差別問題、婚外子差別から外国人登録問題等、幅広く戸籍の問題をとらえ返し、その生い立ちから問題点まで易しく解説。

プロブレムQ&A
同性愛って何？
［わかりあうことから共に生きるために］

伊藤　悟・大江千束・小川葉子・石川大我・簗瀬竜太・大月純子・新井敏之 著

A5判変並製 二〇〇頁 1700円

同性愛ってなんだろう？　家族・友人としてどうすればいい？　社会的偏見と差別はどうなっているの？　同性愛者が結婚しようとすると立ちはだかる法的差別？　聞きたいけど聞けなかった素朴な疑問から共生のためのQ&A。

プロブレムQ&A
性同一性障害って何？
［一人一人の性のありようを大切にするために］

野宮亜紀・針間克己・大島俊之・原科孝雄・虎井まさ衛・内島　豊著

A5判変並製 二六四頁 1800円

戸籍上の性を変更することが認められる特例法が今国会で可決された。性同一性障害は、海外では広く認知されるようになったが、日本はまだまだ偏見が強く難しい。性同一性障害とは何かを理解し、それぞれの生き方を大切にするための書。

性なる聖なる生
——セクシュアリティと魂の交叉

虎井まさ衛・大月純子／河口和也著

四六判並製 二四〇頁 1700円

セクシュアル・マイノリティーは、神からタブーとされる存在なのか？　性別適合手術は神への冒⊠なのか？　別々の視点から「聖なるもの」を語り、一人一人の性を自分らしく、今を生き生きと生きるために性と聖を見つめなおす。

私たちの仲間

結合双生児と多様な身体の未来

アリス・ドムラット・ドレガー著／針間克己訳

四六判上製 二七二頁 2400円

結合双生児、インターセックス、巨人症、小人症、口唇裂……多様な身体を持つ人々。本書は、身体的「正常化」の歴史的文化的背景をさぐり、独特の身体に対して、変えるべきは身体ではなく、人々の心ではないかと問いかける。

プロブレムQ&A

「障害者」と街で出会ったら【増補改訂版】

［通りすがりの介助術］

もりすぐる著

A5判変並製 二二四頁 1800円

最近はひとりで街にでかける「障害者」をよく見かける。「障害者」が生活しやすいバリアフリーな社会をつくるための知恵と、介助方法を紹介する。今回新しく、内部障害、難病の人との接し方などを増補し、全面増補改訂した最新版！

プロブレムQ&A

バリアフリー入門

［誰もが暮らしやすい街をつくる］

もりすぐる著

A5判変並製 一六八頁 1600円

街づくりや、交通機関、住まいづくりでよく耳にする「バリアフリー」。誰でも年を取れば日常生活に「バリア」を感じることが多くなる。何がバリアなのか、バリアをなくす＝バリアフリーにはどうすればいいのかを易しく解説。

プロブレムQ&A

許されるのか？ 安楽死

［安楽死・尊厳死・慈悲殺］

小笠原信之著

A5判変並製 二六四頁 1800円

高齢社会が到来し、終末期医療の現場では安易な「安楽死ならざる安楽死」も噂される。本書は、安楽死や尊厳死をめぐる諸問題について、その定義から歴史、医療、宗教・哲学まで、さまざまな角度から解説。あなたなら、どうしますか？

プロブレムQ&A

どう考える？ 生殖医療

［体外受精から代理出産・受精卵診断まで］

小笠原信之著

A5判変並製 二〇八頁 1700円

人工受精、体外受精、代理出産、クローンと生殖分野の医療技術の発展はめざましい。出生前診断で出産を断念することの是非や、人工授精児たちの親捜し等、いろいろな問題を整理し解説するとともに、生命の尊厳を踏まえ、共に考える書。

プロブレムQ&A

10代からのセイファーセックス入門

［子も親も先生もこれだけは知っておこう］

堀口貞夫・堀口雅子・伊藤　悟・簗瀬竜太・大江千束・小川葉子著

A5判変並製 二二〇頁 1700円

学校では、十分な性知識を教えられないのが現状だ。無防備なセックスで望まない妊娠、STD・HIV感染者を増やさないために、正しい性知識と、より安全なセックス＝セイファーセックスが必要。自分とパートナーを守ろう！